Geirlyfr y Lolfa Wordbook

How Do You Say?

The Welsh Turn of phrase

A selection of Expressions,
Exclamations and pithy Sayings

D. Geraint Lewis

y Lolfa

Argraffiad cyntaf: 2025

Cynllun y clawr: Richard Huw Pritchard

Rhif Llyfr Rhyngwladol: 978-1-80099-710-3

Cyhoeddwyd ac argraffwyd yng Nghymru
ar bapur o goedwigoedd cynaliadwy gan
Y Lolfa Cyf., Talybont, Ceredigion SY24 5HE
e-bost ylolfa@ylolfa.com
gwefan www.ylolfa.com
ffôn 01970 832 304

Introduction

Having produced a collection of Welsh *Idioms* and another of Welsh *Proverbs* together with a dictionary or two, Mr Garmon Gruffudd of Y Lolfa drew my attention to the need for a collection of characteristically Welsh expressions and sayings in common use but not deemed significant enough to count as 'idioms' - and only occasionally included in dictionaries:

to abandon	*rhoi'r gorau i*
anxiously	*ar bigau drain*
All right!	*O'r gorau!*

An idiom is a phrase conveying a picture, the meaning of which cannot be derived from its individual words:

cwympo ar fy nhraed	land on my feet
cadw ei drwyn ar y maen	keep his nose to the grindstone
codi cestyll yn yr awyr	build castles in the air

Many of these idioms, as you can see, may be translated word-for-word from one language to the other. The same is also true for many of the shorter expressions. However, the present list is made up of phrases and sayings, the majority of which are specifically Welsh and do not translate directly, word-for-word.

I'm not sure which is the most appropriate picture – lifting a stone and being amazed at the amount and variety of wildlife that existed there previously unobserved - or is it like stumbling on king Arthur's cave and finding undiscovered treasure? – the latter, I hope.

NB The Welsh word-list is set out in English alphabetical order

I have drawn on the works of Alun Rhys Cownie and Leonard Hayles but more especially on 'Y Gweiadur' in order to select Welsh expressions which do not translate literally into English.

D. Geraint Lewis

Diolchiadau

I Wasg y Lolfa am y syniad gwreiddiol ac am ei gofal o ran y testun a'i ddiwyg. Fy eiddo i yw unrhyw nam neu fefl a erys.

D. Geraint Lewis
Llangwrddon Gwanwyn 2025

English | *Welsh*

(N) North Wales
(S) South Wales

A

abandon	rhoi'r gorau i
about	o gwmpas
about to	ar fin
about to begin	ar ddechrau
acceptable (become)	ennill ei blwyf
accidentally	ar hap a damwain
according to	yn ôl
achievement, quite an	tipyn o gamp
across	ar draws
admirably	i'w r(h)yfeddu
admit	syrthio ar fy mai
adult	mewn oed
after that	wedi hyn
agreement, in complete	yn unfryd unfarn
ahead	ar y blaen
aid (in--of)	er budd
ajar	cilagored
alive and well	byw ac iach
all and sundry	y byd a'r betws
all day long	trwy'r dydd
all over the place	fel pisio mochyn yn yr eira
all over the place	sang-di-fan
all right	o'r gorau
all shapes and sizes	o bob lliw a llun
all talk, no action	mwy o dwrw nag o daro

All the best!	Hwyl fawr!
all the better	gorau i gyd
all the very best	bydd wych
all the way	bob cam
all up	wedi canu (ar)
all wind and piss	pwff a drewi dyna i gyd
all wind and piss	rhech a rhwd
almost	bron â
almost	o fewn y dim
almost	ond y dim
alone	ar ei ben ei hun
along	ar hyd
alternately	am yn ail
always	byth a hefyd
always	o hyd/bob adeg
amazed	synnu a rhyfeddu
amiss	o chwith
amiss	o'i le
and so on	ac ati
and so on	ac yn y blaen
angry (to become)	codi gwrychyn
antagonize	tynnu blewyn o drwyn
antediluvian	mor hen â phechod
anxiously	ar bigau drain
any old how	hwp-di-hap
any old thing	rhywbeth rywbeth
anyhow	ffordd bynnag
anyway	ta beth/ta waeth
apart	ar wahân
apathetic	nac oer na brwd
appear in court	mynd o flaen eich gwell

appearance	pryd a gwedd
apple of her eye	cannwyll ei llygad
approachable	agos atoch
appropriate, more	rheitiach
approve	rhoi sêl bendith ar
around	o amgylch
around	o gwmpas
arse backwards	llwyr ei din
as a matter of fact	fel mae'n digwydd
as and when needed	yn ôl y galw
as best you can	am y gorau
as far as I know	am wn i
as far as I know	ys gwn i
as far as I'm - - -	o'm rhan i
as fast as I can	nerth fy nhraed
as for that	o ran hynny
as it were	fel petai
as loud as you can	nerth eich pen
as things are	hyn o fyd
as well as	heb sôn am
aside	naill ochr
askew	ar dro
astray	ar gyfeiliorn
at an end	ar ben
at home	ar eich tomen ei hun
at home	gartref
at home	yn eich milltir sgwâr
at last	o'r diwedd
at least	o leiaf
at once	ar unwaith
at present	ar hyn o bryd

at random	ar hap a damwain
at stake	yn y fantol
at that time	yr adeg honno
at the cost of	ar draul
at the head	ar y blaen
at the present	ar hyn o bryd
at the time	ar y pryd
at the top	ar y brig
at times	ar adegau
at times	ar brydiau
available	ar gael
aware of (not that I'm)	dim hyd y gwn i
aware, well	o gwmpas ei bethau
away	i ffwrdd
away	oddi cartref
awe	parchedig ofn
awefully	ar y naw
awhile	am dipyn
awkward	dwy law chwith
awkward moment	tro trwstan

B

bachelor	hen lanc
back to front	o chwith
back, go	mynd yn ôl
backwards	llwyr ei gefn
backwards (to go)	am yn ôl
bad habits	hen gastiau
bad mood	croen eich tin ar eich talcen
bad taste	di-chwaeth

bandy-legged	coesau bachau crochan
bang shut	cau'n glep
bankrupt (to go)	mynd i'r wal
barely	o'r braidd
bat out of hell	cath i gythraul
be fair	cadw'r ddysgyl yn wastad
be that as it may	bid hynny fel y bo
bearing in mind	o gofio
beat about the bush	hel dail
beckon	codi bys
become desperate	mynd yn nos arnaf
become desperate	mynd yn sgrech arnaf
before	o flaen
before long	cyn bo hir
before time	cyn pryd
begin with (to)	ar y cychwyn
beginning, at the very	ar y dechrau'n deg
beginning, from the very	o'r cychwyn cyntaf
behind	ar ôl
behind	tu cefn
behind	tu ôl
behind the times	ar ei hôl hi
belittle	gwneud yn fach o
better off	bod ar fy ennill
better something than nothing	gwell clwt na thwll
Better still!	Gorau i gyd!
between the devil and the deep blue sea	rhwng y diawl a'i gwt
beyond	tu hwnt
bickerer	cecryn
big guns	hoelion wyth

big head	pen bach
birds of a feather	tebyg at eu tebyg
bit by bit	bob yn dipyn
bitch (woman)	gast
bitch (woman)	jaden
bits and pieces	trugareddau
blame	rhoi bai ar
blessed memory (of)	coffa da am
Blimey!	Brensiach y brain!
Bloody hell!	Go fflamia!
Bloomin Heck!	esgyrn Dafydd!
blotto	meddw chwil
blow it!	Naw wfft!
Blow me down!	Tawn i manco!
bluntly, to put it	yn blwmp ac yn blaen
bone dry	sych gorcyn
bone of contention	asgwrn y gynnen
bootlicker	ci rhech
both	y naill a'r llall
bottom of the barrel	tin y sach
bout of (a)	pwl o
brand new	newydd sbon
break the ice	torri'r garw
breath of fresh air	chwa o awyr iach
breathless	a'ch gwynt yn eich dwrn
brew (tea)	bwrw ei ffrwyth
briefly	am ychydig
bright, not very	bach yn dwp
bring down a peg or two	torri crib ceiliog
bring into disrepute	dwyn anfri ar
bring to an end	dirwyn i ben

bring to one's senses	dod at ei goed
brood	hel meddyliau
brouhaha	ffys a ffwdan
brute force	nerth bôn braich
bugger off!	cer i'r diawl!
bugger you!	twll dy din di, Pharo!
bullshit	cachu hwch
bumpkin	crymffast
bumpkin	llabwst
bursting to do something	llosgi yn eich croen
bursting to do something	torri bol
business (your)	Rhyngoch chi a'ch pethau
by all means	ar bob cyfrif
by and large	at ei gilydd
by chance	ar hap
by far	o bell ffordd
by far	o lawer
by heart, know	gwybod ar eich cof
by myself	ar eich pen eich hun
by night	liw nos
by persuasion	trwy deg
by the way	gyda llaw

C

call a spade a spade	heb flewyn ar dafod
call it a day	rhoi'r gorau i
can't depend on	dim dal ar
can't for the life of me	methu'n deg â
can't stand	cas gen i
can't stand	tân ar ei chroen

can't stay still	fel gafr ar daranau
can't wait	methu byw yn eich croen
cap it all (to)	i goroni'r cyfan
carry on	dal ati
cast a shadow	taflu cysgod
cast aspersions	lladd ar
catch fire	mynd ar dân
cautiously	gan bwyll
cease	dod i ben
certainly	bid sicr
certainly	bid siŵr
certainly	siŵr iawn
charge a fee	codi tâl
chasing about	rhedeg a rasio
chat (have a)	cadw pen rheswm
chat (have a)	cael sgwrs
Cheer up!	Cod dy galon!
chew over	cnoi cil
chip off the old block	blas y cyw yn y cawl
chip on the shoulder	dal dig
chocolate teapot	seren bren
choose my words	pwyso eich geiriau
chop and change	troi fel cwpan mewn dŵr
chop-chop!	siapa hi!
clap (to)	curo dwylo
clapped out	rhacs jibidêrs
class (not in the same)	dim yn yr un cae â
clear conscience (with a)	yn dawel fy meddwl
clear my throat	carthu gwddwg
close by	gerllaw
close by	yn ymyl

close shave	cael a chael
close to the mark	agos ati
close, bring to a	cau pen y mwdwl
clueless	di-glem
clutter up	creu llanastr
cock of the walk	ceiliog ar ei domen ei hun
cohabit	byw tali
cold, heavy	swp o annwyd
collapsing	mynd â'i ben iddo
Come on!	Dere mlaen! (S)
Come on!	Tyrd yn dy flaen! (N)
come to (to)	dod ataf fy hun
come to light	dod i'r golwg
come undone	mynd yn ffliwt arnaf
come what may	doed a ddêl
commit to writing	rhoi ar glawr a chadw
common knowledge	yng ngheg y byd
compensate for (to)	gwneud iawn am
complain (to)	grwgnach
complete (to)	dwyn i ben
complete a task	mynd â'r maen i'r wal
completely credible	taro deuddeg
concur with	amenio rhywbeth
consecutively	o'r bron
considerable	cryn dipyn
constantly	byth a beunydd
continually	beunydd beunos
continue (to)	yn dal i
contrary to	yn groes i
controversial topic	pwnc llosg
cost an arm and a leg	crocbris

couldn't care less	a'm pen yn y gwynt
couldn't care less	hidio dim taten
count the cost	bwrw'r traul
countenance	pryd a gwedd
courageous (to be)	magu asgwrn cefn
coward	cachgi
crawling with	yn berwi o
create uncertainty	tywyllu cyngor
creep	cynffonnwr
criticise	lladd ar rywun
criticise severely	dweud yn hallt
crookedly	igam ogam
cross-examine	croesholi
crowd	llond gwlad
cunning person	hen gadno
cunning person	hen lwynog
cursing and blinding	rhegi a rhwygo
cursing and blinding	tyngu a rhegi
cut a dash	torri cyt
cut to the quick	teimlo i'r byw

D

Dam!	Go drapia!
dangerous (very)	peryg bywyd
dawn	brig y wawr
dawn to dusk	o fore gwyn tan nos
day of reckoning	dydd o brysur bwyso
dead of night	gefn nos
Dear me!	Mawredd Mawr!
debate	trin a thrafod

decide on a time	pennu amser
decidedly	heb os nac oni bai
decline, in	ar drai
decreasingly	lai a llai
defeat	cario ar
defend	achub cam
delighted (I'm)	wrth fy modd
depressed	a'm pen yn fy mhlu
depressed	yn y felan
depths of night	perfeddion nos
derives from	yn hanu o
descendant of	o linach
despite	er gwaethaf
destitute	ar y clwt
deteriorate	mynd ar ei waeth
deteriorate	rhwng y cŵn a'r brain
Devil, the	y gŵr drwg
difficult job	talcen caled
dilemma	cyfyng-gyngor
dipstick	llinyn trôns
direct sunlight	llygad yr haul
disadvantaged	dan anfantais
disagree	tynnu'n groes
disappointed	twll yn eich cosyn (caws)
discourage	taflu dŵr oer
distantly related	brith berthyn
distract	tynnu sylw
do (this will)	gwneud y tro
do an injustice	gwneud cam â
do the trick	ateb y diben
do up (button)	cau

do without	hepgor
do your own thing	pawb at y peth y bo
doesn't matter	dim ots
don't say (you)!	Paid â sôn!
don't say (you)!	Taw sôn!
done for	wedi canu ar
donkey work	gwaith caib a rhaw
don't care in the least	hidio dim taten
don't know where he stands	na'i dwym na'i oer
doomed	wedi canu ar
down in the mouth	a'ch pen yn eich plu
downwards	i waered
draw attention	tynnu sylw
draw the short straw	tynnu'r blewyn cwta
dressing down (a)	cael pryd o dafod
drift apart	ymddieithrio
drizzle	glaw mân
drone on	rhygnu arni
drop a hint	taro'r post i'r pared gael clywed
drop in on	taro heibio
drop in the ocean	pisio dryw bach yn y môr
drunk	wedi ei dal hi
due course (in)	ymhen hir a hwyr
due to the lack of	o ddiffyg
dull (stupid)	dim rhwng ei ddwy glust
dull as a brush	gwirion bost
dump (of a place)	twll tin y byd
duplicitous (to be)	chwarae'r ffon ddwybig
dusk to dawn	rhwng gwyll a gwawl
dying of laughter	yn glana' (gelanedd)
dying to	torri fy mol

E

each	bob o
each to his own	pawb at y peth y bo
each to his own opinion	pawb a'i farn
each with an axe to grind	pawb a'i gryman
early	mewn da bryd
early morning	yn y bore bach
earnest, in	o ddifri' calon
ease off	llacio'r gengl
ease suffering	rhoi eli ar friw
East wind	gwynt traed y meirw
eastwards	tua'r dwyrain
easy does it	pwyll piau hi
egotism	fi fawr
emotional	dan deimlad
empty promise	gair dros ysgwydd
encourage	rhoi hwb i
enduringly	dros byth
enjoy	cael blas ar
enough and to spare	ei gwala a'i gweddill
enough of a nuisance	digon o farn
enthusiastic	mynd i hwyl
entirely	yn gyfan gwbl
equally	gymaint â
erratic	troi efo pob awel
erratic	troi fel ceiliog gwynt
erratically	rywsut-rywsut
erroneously	ar gam
especially	yn enwedig

essential (it's)	rhaid wrth
establish itself	ennill ei blwyf
etcetera	ac ati
eternally	hyd byth
evaluate	mesur a phwyso
even	hyd yn oed
even better	gwell byth
even-handed	dal y ddysgl yn wastad
evening, in the	fin nos
evening, in the	gyda'r hwyr
eventide	min nos
eventually	maes o law
eventually	ymhen hir a hwyr
every living thing	pob perchen anadl
every nook and cranny	pob twll a chornel
every now and then	bob hyn a hyn
every one	pob copa walltog
every one	pob enaid byw
every one	pob un wan jac
every other	am yn ail
every other	ar yn ail
every other	bob yn ail
every step of the way	bob cam
every success	rhwydd hynt
every time	bob amser
every time	bob tro
everything	pob dim
everywhere	o bant i bentan
everywhere	ym mhobman
exact place	yn y fan a'r lle
exactly the same	yr un ffunud â

exaggerate	gwneud môr a mynydd o
exaggerate	mynd dros ben llestri
excellent	dan gamp
excellent	tan gamp
except	ac eithrio
except for	ar wahân i
exhausted	wedi ymlâdd
expensive (very)	yn hallt
expert (an)	hen law
expressly	yn unswydd
extremely	ar y naw
extremely	dros ben

F

fail (to)	mynd i'r gwellt
fail completely	methu'n lân
faint recollection	brith gof
Fair play!	Chwarae teg!
fairly good	gweddol
fall at the last fence	boddi yn ymyl y lan
fall foul of	pechu
fall through	mynd i'r gwellt
fall to pieces	mynd ar chwâl
fall to pieces	mynd yn rhacs
false step	cam gwag
Fancy that!	a dweud y gwir!
Fancy that!	Tewch sôn!
far away the best	gorau o ddigon
farewell, to bid	canu'n iach
fart in a thuderstorm	rhech dafad

fat's in the fire	mae'r gwyddau yn y ceirch
fault, it's my	arnaf i mae'r bai
February	mis bach
fed up	a'ch pen yn eich plu
fed up with	cael llond bol
feel deep down	teimlo ym mêr fy esgyrn
feel strongly	teimlo ar fy nghalon
feels like (thunder, snow etc.)	mae naws (*eira*) arni
fetch and carry (his/her)	gwas bach
few (a)	ychydig
fig, (don't give a)	malio'r un ffeuen
figure of fun	cyff gwawd
find	cael hyd i
find fault	gweld bai
fine (weather)	codi'n braf
finish	dod i ben
finish the job	cael y maen i'r wal
finished	ar ben
first rate	tan gamp
first thing	ben bore
fits of laughter	chwerthin yn ei ddyblau
fix (in a)	mewn strach
flash in the pan	tân siafins
flat footedly	ffit ffat
flatter	llyfu tin
flibbertigibbet	merch benchwiban
floods of tears	llefain y glaw
fluke	lwc mwnci
fly in the ointment	drwg yn y caws
fly off the handle	gwylltio'n gaclwm
follow every trend	troi gyda phob gwynt

following	yn sgil
foothold (get a)	cael eich pig i mewn
for	ar gyfer
for ages	ers achau
for ever and ever	yn oes oesoedd
For goodness' sake!	Da chi!
For goodness' sake!	er mwyn dyn!
For Goodness' sake!	wel y jiw! jiw!
for your sake	er eich mwyn chi
For shame!	Rhag eich cywilydd!
for some time	ers tro byd
for the life of me	dros fy nghrogi
for the sake of	er mwyn
for the time being	am y tro
for use	at alw
for use	at iws
forestall	achub y blaen ar
forever	am byth
forever	byth a beunydd
forever	tros byth
forget	gollwng dros gof
forthright	diflewyn-ar-dafod
forthright	di-lol
forthwith	rhag blaen
free	am ddim
free and easy	rhydd ac yn rhwydd
free hand	tragwyddol heol
free of charge	rhad ac am ddim
freezing (I'm)	bron â sythu
fresh air	awyr iach
frighten (to)	codi ofn

fritter away	mynd rhwng y cŵn a'r brain
from afar	o bell
from all sides	o bob tu
from amidst	o blith
from both sides	o'r naill du a'r llall
from end to end	o ben bwygilydd
from end to end	o'r naill ben i'r llall
from head to foot	o'i gorun i'w sawdl
from pillar to post	o bant i bentan
from the depths of my heart	o eigion calon
from the horse's mouth	o lygad y ffynnon
from the sublime to the ridiculous	y gwych a'r gwachul
from the very beginning	o'r cychwyn cyntaf
from the very beginning	o'r dechrau yn deg
from time immemorial	ers cyn cof
from time to time	o bryd i'w gilydd
from time to time	o dro i dro
from top to bottom	o'r bôn i'r brig
front line	blaen y gad
frozen stiff	rhewi'n gorn
full length (to fall)	yn ei hyd
full of cold	swp o annwyd
full pelt	strim-stram-strellach
full tilt	ar garlam
full to bursting	dan ei sang
full year	blwyddyn gron
fully grown	yn ei lawn dwf
fume with rage	cynddeiriogi
fun and games	hwyl a sbri
fun and games	sbort a sbri

fur coat and no knickers	pen punt cynffon dimai
furious	yn wyllt gacwn

G

gain admittance	cael mynediad i
generally	at ei gilydd
genuine	go iawn
germ of an idea	egin syniad
get a grasp of	cael crap ar
get along with (someone)	cyd-dynnu
get away	dianc
get away with you!	cer o 'ma!
get better	gwella
get close	nesáu
get even with (someone)	talu'r pwyth yn ôl
get it (understand)	dallt y dalltins (NW)
get my own back	talu'r pwyth yn ôl
get on (succeed)	llwyddo; ffynnu
get on top of me	mynd yn drech na fi /mi
get on with it	bwrw arni
get on with it	bwrw ati
get on with it	clatsio arni
get on with it	torchi llewys
get on with it	tynnu ewinedd o'r blew
get rid of	cael gwared â
get the old heave-ho	cael cawell
get to the nitty gritty	mynd i blu
getting on	tynnu ymlaen
give an impression of work	dal y slac yn dynn
give up	rhoi'r gorau i

glad to	bod yn falch i
glimmer (of)	llygedyn o
go against the grain (futile)	pisio yn erbyn y gwynt
go ahead	mynd rhagddo
go away (to)	mynd bant
Go away!	Cer o 'ma!
go grey (hair)	britho
go like the clappers	mynd fel cath i gythraul
go mad (angry)	mynd o'ch co'
go on and on	rhygnu ymlaen
go out on the town	mynd ar sbri
go over the top	mynd dros ben llestri
Go to hell!	Cer i'r diawl!
go to meet trouble	mynd o flaen gofid
go to pot	mynd â'i phen iddi
go to the dogs	mynd rhwng y cŵn a'r brain
go to waste	mynd yn ofer
go walkabout	mynd i ganlyn y gwynt
go wrong (to)	mynd o'i le
God help me!	dyn a'm helpo!
God help us!	Duw a'n gwaredo!
God knows!	Duw a ŵyr!
going sour (milk)	ar droi
going under	dan y don
good day	da bo
good evening	noswaith dda!
Good God!	Arglwydd Mawr!
good gosh!	bois bach!
good gosh!	jiw! jiw!
Good gracious!	Bobol bach!
good heavens!	Arswyd y byd!

good heavens!	Mawredd mawr!
good heavens!	nefi bliw!
good idea	eithaf peth
Good Lord!	Mawredd mawr!
good riddance	gwynt teg ar ôl rhywun
Goodness gracious	Rargian fawr!
Goodness me!	Gwarchod pawb!
goodness only knows	dyn a ŵyr
gormless person	llo cors
gospel truth	gwir i wala
Gospel truth!	wir i wala!
gossip (a)	hen geg
gossip (to)	hel clecs
gradually	o dipyn i beth
gradually (action)	bob yn ychydig
gradually (time)	o dipyn i beth
grasp the opportunity	achub y cyfle
grass is always greener (where the)	man gwyn man draw
great big	lòg o
great big (a)	coblyn o
great night	noson fawr
great pleasure	modd i fyw
greedy	eich llygaid yn fwy na'ch bola
growing	ar eu prifiant
grown up	yn eich llawn dwf
grudgingly	rhwng bodd ac anfodd

H

hairsbreadth	o drwch aden gwybedyn

hale and hearty	llond ei groen
half baked	hanner call a dwl
half baked	hanner pan
half in jest	rhwng difrif a chwarae
handed down	o law i law
handful	dyrnaid
handicapped	dan anfantais
hands of clock	bysedd cloc
hanker after	dyheu
happy	fel y boi
happy as a lark	fel y gog
hard of hearing	trwm ei glyw
hard times	dyddiau blin
hardly	go brin
hardly any	nemor ddim
hardly anything	nemor ddim
harp on	rhygnu ymlaen
harvest moon	naw nos olau
hastily	ar frys
hastily	ar hast
hate (I)	mae cas gennyf
have your say	dweud eich dweud
head first	wysg ei ben
head for	bwrw am
head for home	ei throi hi
head nor tail, nor	na rhych na gwellt
head over heels	dros eich pen a'ch clustiau
head to toe	o'r corun i'r sawdl
headlong	llwrw ei ben
heart of the country	cefn gwlad
Heavens above	Nefoedd wen!

heavens!	mawredd!
hell for leather	fel cath i gythraul
hellishly	ar y cythraul
hellishly	ar y diawl
hell's bells!	Myn uffern i!
hell's bells!	Uffern dân!
hell's bells!	Yffach cols! (S)
helter skelter	ar ras wyllt
here	fan hyn
here and there	hwnt ac yma
here and there	yma a thraw
here there and everywhere	ar hyd ac ar led
herewith	gyda hyn
hiding (a) (punishment)	chwip din
higgledy-piggledy	blith draphlith
high and low	o bant i bentan
high time	hen bryd
hint	gair i gall
hint	hanner gair
hit the spot	taro deuddeg
hitherto	hyd yn hyn
hold one's tongue	cnoi tafod
holiday	diwrnod i'r brenin
homespun	brethyn cartref
homeward bound	tynnu tuag adref
homewards	tua thre'
honest truth	calon y gwir
honestly	o ddifri' calon
honestly	wir i ti/wir yr
honeymoon	mis mêl
hopping mad	gwyllt gacwn

horse's mouth	llygad y ffynnon
how are things?	sut mae?
How on earth?	Sut yn y byd?
however	fodd bynnag
huge	clamp o
hungry, to be	eisiau bwyd
hurry	gwneud hast
hurry scurry	ar frys gwyllt

I

I believe	tybiwn i!
I dislike	mae'n gas gen i
I don't believe it!	Choelia i fawr!
I don't care!	Waeth gen i!
I hate	cas gen i
I like	hoff gennyf
I must	mae'n rhaid imi
I wouldn't be at all surprised	synnwn i fochyn
I'd better	gwell i mi
identical	yr un ffunud â
idiot	brych
idiot	ceit
idiot	pen dafad
idiot	twpsyn dwl
if he did!	os do fe!
if possible	os oes modd
if possible	os yn bosibl
if you happen	os digwydd i ti
I'll be blowed!	ar f'enaid i!
I'll be blowed!	Myn brain i!

I'll be blowed!	Myn cebyst i!
I'll be buggered!	Myn diawl i!
illegible writing	traed brain (fel)
I'm glad	da gennyf
I'm pleased to hear	mae'n dda gen i
I'm sorry to hear	mae'n chwith gennyf glywed
I'm sorry to hear	mae'n ddrwg gen i
I'm sure	mae'n rhaid gen i
imagine threats	creu bwganod
immediately	rhag blaen
immemorial, from time	ers cyn cof
imminent	ar ddod
impartial (to be)	cadw'r ddysgl yn wastad
important	o bwys
in a bad mood	croen ei din ar ei dalcen
in a jiffy	mewn cachad
in a jiffy	mewn chwinciad chwannen
in a pickle	mewn cawl
in a rush	ar ras
in action	bod wrthi
in brief	mewn byr eiriau
in broad daylight	liw dydd
in case	rhag ofn
in decline	ar drai
in favour of	o blaid
in force	mewn grym
in front	tu blaen
in full swing	yn ei anterth
in hand	ar y gweill
in hand	yn yr arfaeth
in heaven's name!	Neno'r Tad!

in high regard	uchel ei pharch
in high spirits	fel y gog
in high spirits	yn ei hwyliau
in your prime	yn anterth eich dyddiau
in mind	mewn golwg
in my life (never)	yn fy myw
in one respect	ar un olwg
in order to	er mwyn
in print	ar glawr
in progress	ar waith
in question	dan sylw
in reserve	wrth gefn
in some respects	ar ryw olwg
in spite of	er gwaethaf
in stitches (laughing)	dau ddwbwl a phlet
in stitches (laughing)	yn ei ddyblau
in that respect	o ran hynny
in the face of	yn nannedd
in the image of	ar lun a delw
in the way	dan draed
in their old age	yn eu hen ddyddiau
in time	mewn pryd
in turn	pob un yn ei dro
in two minds	rhwng dau feddwl
in use	ar waith
in writing	ar ddu a gwyn
in your own good time	wrth eich pwysau
inaccessible	allan o gyrraedd
inaccessible	diarffordd
inch by inch	fesul modfedd
indecisive	fel heddiw ac yfory

Indian Summer	haf bach Mihangel
indigenous people	brodorion
individually	bob yn un
indoors	dan do
infatuated	ffoli ar
infatuated	gwirioni ar
infatuated	mopio ar
infinitesimal	mymryn lleiaf
inform	rhoi gwybod
inherent	yn nhoriad ei bogel
injustice (to do someone)	gwneud cam â
innumerable	rhif y gwlith
inside out	tu chwith
insincere invitation	gofyn dros ysgwydd
instantaneously	mewn chwinciad chwannen
instantaneously	mewn dim o dro
instantly	ar y gair
instead of him	yn ei le
instinctively	ym mêr fy esgyrn
instinctively	yn fy nŵr
insufficient	rhy ychydig
interrogate	holi'i berfedd
interrupt	torri ar draws
irresolute	troi fel cwpan mewn dŵr
irritated (to be)	bod yn flin gyda
it doesn't matter	dim ots
it won't do	thâl hi ddim
it wouldn't do	ni wiw
itching to	llosgi yn fy nghroen
it'll do	gwneud y tro
it's a shame	mae'n bechod

it's my fault	arnaf i mai'r bai
it's not child's play	nid ar chwarae bach

J

jar on one's ears	merwino clustiau
join (a club)	ymaelodi â
join in	ymuno â
jointly	ar y cyd
joy (to be full of)	cael modd i fyw
junk	sothach
just about to	ar fin
just now	gynnau fach
just right	eithaf peth
just then	ar hynny

K

keen eyesight	llygaid barcud
keep an eye on	gofalu am
keep at it	palu ymlaen
keep at it	pydru arni
keep away!	cadw draw!
keep out of the way	mynd o'r ffordd
keep quiet!	taw piau hi
keep to the rules	parchu'r rheolau
keep under the thumb	cadw cow ar
kick up a row	codi twrw
kind, very	yn barod ei gymwynas
knock back (a drink)	yfed ar ei dalcen
knock him off his stride	bwrw oddi ar ei echel

know by heart	gwybod ar eich cof
know my stuff	gwybod fy mhethau
know where it's at	dallt y dalltings
know where things are at	gwybod faint o'r gloch yw hi
know you've been in a race	teimlo gwres fy nhraed
kowtow	plygu glin i

L

lad, a bit of a	tipyn o dderyn
laugh it off	gwneud hwyl amdano
laughing stock	cyff gwawd
laughing stock	testun sbort
lay down the law	dweud y drefn
lay down the law	ei dweud hi
lay out (for burial)	troi heibio
lead the singing (in chapel)	codi'r canu
learn by heart	dysgu ar eich cof
leave (a place)	ei throi hi
leave (a situation)	rhoi'r gorau i
leave him in peace!	Gad lonydd iddo!
leave them wanting more	torri yn ei flas
lecture (to)	traddodi darlith
left behind	ar ôl
left over	dros ben
leisurely	ling-di-long
lengthwise	ar ei hyd
let him know	rhoi gwybod iddo
Let's go!	Bant â ni!
level best	gorau glas
lickety-split	nerth eich traed

lie	rhaffu celwyddau
light-fingered	llaw flewog
lisp	tafod tew
listen closely	gwrando'n astud
listen closely	moeli clustiau
little bit	tamaid bach
little bit	tipyn bach
little by little	o dipyn i beth
live frugally	byw'n fain
live frugally	edrych yn llygad y geiniog
live within one's means	llunio'r gwadn fel bo'r troed
loaded with	yn drwmlwythog
lock stock and barrel	cyrn, croen a charnau
locked	ar glo
locked up	dan glo
long ago	ers talwm
long ago	slawer dydd
long and short of it	hyd a lled y mater
long and short of it	swm a sylwedd
long for the good old days	chwilio eira llynedd
long way ahead	hewl ymlaen
longing to	ysu am
look away	edrych draw
look closely	craffu
Look here! (N)	Ylwch!
look high and low	chwilio a chwalu
look over (examine)	bwrw golwg dros
looks like rain	mae graen glaw arni
loose change	arian mân
lose heart	digalonni
lose your temper	codi'ch mwnci

lose your temper	mynd o'ch cof
lose out	bod ar ei golled
lost	ar goll
lot (a)	cryn dipyn
loud mouth	uchel ei gloch
lowest ebb	distyll y trai
lowland	llawr gwlad
luckily	drwy lwc

M

mad rush	ras wyllt
mainly	gan amlaf
mainly	gan fwyaf
make a fuss	cadw helynt
make a mess of	gwneud cawl o
make a mess of	gwneud smonach
make ends meet	cael dau ben llinyn ynghyd
make faces	tynnu gwep
make fun of	gwneud sbort/hwyl am ben
make one's living	ennill ei fara menyn
make one's own way in life	torri eich cwys eich hunan
make progress	cymryd camau breision
make progress	ennill tir
make the bed	tannu'r gwely
make the most of	gwneud yn fawr o
make up for	gwneud iawn am
make your hair curl	codi gwallt eich pen
manual labour	caib a rhaw
many thanks	can diolch
many times	llawer gwaith

may as well	man a man
maybe	o bosibl
mean (parsimonious)	edrych yn llygad y geiniog
means (by all possible)	ym mhob dull a modd
memory (faint)	brith gof
mend your ways	dod at eich coed
mention (to)	sôn am
mess	traed moch
mess about	potsian
middle of nowhere	twll tin y byd
middle of the night	gefn trymedd nos
might (with all your)	a'ch deg ewin
might as well	man a man
mind went blank (my)	aeth yn nos arnaf
mine	yn eiddo i mi
misery a (female)	hen gonen
mislead (to)	taflu llwch i lygaid
miss (to)	gweld eisiau
miss an opportunity	colli cyfle
miss my step	cymryd cam gwag
miss someone	teimlo'n chwith (ar ôl rhywun)
missing	yn eisiau
modest (no account)	dinod
money, it all comes down to	diwedd y gân yw'r geiniog
mood (good/bad)	hwyliau da/drwg
moonshine	cwd y mwg
moonshine	mwg tato
more noise than action	mwy o dwrw nag o daro
more or less	mwy na heb
more than anyone	yn anad neb
more than enough	gweddill a gwala

more than enough	hen ddigon
more than enough	hyd at syrffed
more than enough	llond bol
more than happy	ar ben ei ddigon
more's the pity	gwaetha'r modd
mostly	gan amlaf
mostly	ran amlaf
mouthwatering	yn tynnu dŵr o'r dannedd
much less	llai o lawer
much more	mwy o lawer
mull over	cnoi cil
Mum's the word!	Taw piau hi!
must have	rhaid wrth

N

naked	porcyn
near	ar bwys
near	yn ymyl
nearly	ond y dim
necessary	o raid
necessary	o reidrwydd
need (as the--arises)	yn ôl y galw
need (dire)	dirfawr angen
need my head examined	angen clymu fy mhen
needs his head examined	angen berwi pen
nestle	cwtsio lan
never mind	dim ots (S)
never mind	hidia befo (N)
nevertheless	eto i gyd
nevertheless	serch hynny

newcomer	dyn dŵad
next generation	y to sy'n codi
next time	y tro nesaf
next to nothing	ail i ddim
next to nothing	nesaf peth i ddim
nice and slow	araf bach
night before last	echnos
nitty gritty	glo mân
no doubt about it	dim dwywaith amdani
no good	dim gwerth
no idea	dim clem
no matter what	ni waeth beth
no sight of	na rhych na gwellt
no small task	nid ar chwarae bach
no telling (there's)	does dim dal
no time at all	fawr o dro
No way!	Dim ar unrhyw gyfrif!
No way!	dim peryg(l)!
nocturnally	liw nos
noisy	cadw sŵn
none the wiser	dim tamaid callach
nonsense	lol botes maip
nonsense	Twt lol!
nor before nor after	na chynt na chwedi
nor head nor tail	na phen na chynffon
nor sight nor sound	na lliw na llun
northwards	tua'r gogledd
nosey parker	hen drwyn
not a smic	na bw na ba
not a sound	na siw na miw
not all there	dim yn llawn llathen

not all there	hanner pan
not at all	dim o gwbwl
not bad	ddim yn ffôl
not far	lled cae
not far out	agos i'm lle
not for the world	dim dros fy nghrogi
not in the same league	dim yn yr un cae
not many people	fawr o neb
not one	dim un
not to mention	heb sôn am
not well	dim yn hwylus
nothing	dim byd
nothing at all	dim o gwbwl
nothing at all	dim oll
nothing on (clothes)	porcyn
nothing wrong with	dim byd o'i le
nothing wrong with	dim byd yn bod
now	ar hyn o bryd
now and again	nawr ac yn y man (S)
now and again	rŵan ac yn y man (N)
now and then	bob hyn a hyn
Now then!	Nawr te!
nuts	hanner call a dwl

O

o'clock	o'r gloch
O.K.	o'r gorau
occasionally	ambell waith/dro
occasionally	o bryd i'w gilydd
of course	siŵr iawn

of course	wrth gwrs
of good breeding	o hil
of its own accord	ohono'i hun
of no avail	ni thyciai ddim
of one accord	unfryd unfarn
off your own bat	ar eich liwt eich hun
off your own bat	o'ch pen a'ch pastwn eich hun
off like a shot	ergyd o wn, fel
off the cuff	yn fyrfyfyr
off we go!	bant â ni!
off we go!	bant â'r cart!
offend someone	pechu
offer, not a serious	cynnig dros ysgwydd
old age	hen ddyddiau
old days	hen ddyddiau
old hand	hen ben
old wives' tale	coel gwrach
on balance	wedi ystyried popeth
on behalf of	ar ran
on each side	o boptu
on edge	ar bigau drain
on half	ar hanner
on your toes	ar flaenau eich traed
on record	ar gof a chadw
on second thoughts	erbyn meddwl
on tenterhooks	ar bigau drain
on the doorstep	ar ben drws
on the fence	yn gwamalu
on the horns of a dilemma	mewn cyfyng gyngor
on the outskirts	ar gyrion
on the point of	ar drothwy

on the quiet	yn ddistaw bach
on the run	ar ffo
on the scrap heap	ar y domen
on the sly	slei bach
on the verge of	ar fin
on the way	ar y ffordd
on the way	ar y ffordd/gweill
on the whole	ar y cyfan
on the whole	mwy na heb
on top	ar y brig
on top of the world	ar ben ei ddigon
on top of the world	yn y seithfed nef
once in a blue moon	unwaith yn y pedwar amser
one at a time	bob yn un
one heck of a	clamp o
one hundred and one	cant a mil o bethau
one of the best	siort orau
one off	unwaith ac am byth
one small step	cam ceiliog
only	dim ond
only just beginning	megis cychwyn
only so much	hyn a hyn
other day, the	pwy /pa ddiwrnod (S)
other day, the	y dydd o'r blaen
other night	y noson o'r blaen
other side (the)	y tu arall
otherwise	fel arall
out of breath	â'm gwynt yn fy nwrn
out of character	yn anghydnaws â
out of it	allan ohoni
out of pocket	ar ei golled

out of sight	o'r golwg
out of work	yn ddi-waith
out you go!	Mas â ti!
outdoors	yn yr awyr agored
outright	yn blwmp ac yn blaen
outside	tu allan
outside	tu fa's
outstanding	chwip o
outwards	tuag allan
over	dros ben
over the moon	uwchben ei ddigon
over the top	dros ben llestri
over there	tu draw
overhead	uwch fy mhen

P

pack up	hel fy mhac
pain in the neck	pen tost (mae'n ben--)
part and parcel	rhan annatod o
participate	cyfranogi
partly in jest	rhwng chwarae a difrif
pass oneself off as	esgus bod
pass the time	difyrru'r amser
pay dearly	talu'n hallt
pay one's last respects	talu'r gymwynas olaf
peace (not a moment's)	dim byw na bod gyda
pell-mell	tinbenstrellach
perfect	i'r dim
perfectly correct	yn llygad eich lle
perhaps	fe ddichon

persevere (to)	dal ati
peter out	dirwyn i ben
pie in the sky	breuddwyd gwrach
piece of my mind	blas fy nhafod
piece of my mind	pryd o dafod
piercing wind	gwynt yn fain
pig in a poke	cath mewn cwd
pipped at the post	boddi yn ymyl y lan
pissed (drunk)	meddw gaib
pitch black	fel bola buwch
plain as a pikestaff	fel haul ar bost
plain truth	y gwir cas
play merry hell with	chwarae'r diawl â
pleasantly surprised	siom ar yr ochr orau
please	os gwelwch yn dda
please someone (to)	rhyngu bodd
pleased	wrth fodd calon
plenty	hen ddigon
pluck up one's courage	magu plwc
point of (on the)	ar drothwy
polish (to)	rhoi sglein ar
pomp and circumstance	rhwysg a rhodres
pompous person	pwysigyn
ponder	cnoi cil ar
poor old thing!	druan ag e'!
pop in	taro heibio
pop out	picio allan
popular, very	mynd ar
portly	llond ei groen
possession of one's faculties (to be in)	o gwmpas fy mhethau

pot belly (to develop a)	magu bol
prat	coc oen
prattle	malu awyr/rwdlan
precisely	ar ei ben
predominantly	gan amlaf
prefer, I	mae'n well gen i
prepare (a meal)	hwylio
presently	ar hyn o bryd
presently	cyn pen dim
presumably	hyd y gwn i
pretend (to)	esgus
pretend to work	cadw'r slac yn dynn
previously	o'r blaen
prick up one's ears	moeli clustiau
probably	yn ôl pob tebyg
promise the earth	addo môr a mynydd
provoke	tynnu blewyn o drwyn
pull it off	dod i ben
pull to pieces	lladd ar
pull to pieces	tynnu'n gareiau
pump for information	holi a stilo
pupil (eye)	cannwyll y llygad
push off!	bacha hi o 'ma!
put aside	rhoi o'r neilltu
put away	rhoi i gadw
put his back up	codi gwrychyn
put on record	rhoi ar ddu a gwyn
put on the right track	rhoi ar ben y ffordd
put on weight	magu bloneg
puzzle	crafu pen

Q

quench one's thirst	torri syched
question hard	holi'n dwll
quick (to feel to the)	teimlo i'r byw
quite a bit	cryn dipyn
quite a bit	tipyn bach
quite a feat	tipyn o gamp
quite a guy	tipyn o foi
quite bad	eithaf drwg/ pur ddrwg
quite good	eithaf da/lled dda
quite likely	eithaf tebyg/pur debyg
quite slowly	yn araf bach

R

rain heavily	ei harllwys hi/tresio bwrw
raise his/her hackles	codi gwrychyn
raise his/her hackles	codi mwnci
raise one's voice	codi cloch
raise the spectre of	codi bwganod
rant and rage	rhegi a thaeru
rattle someon's cage	tynnu blewyn o drwyn
rear	pen ôl
reason (to)	dal pen rheswm
reckoning	prysur bwyso
record (keep a)	cadw ar glawr
record (on)	ar gof a chadw
red herring	codi sgwarnog
refrain from	ymatal rhag
regardless of the consequences	heb falio am neb na dim

regret	difaru (edifarhau)
rehash	cawl eildwym
related (distantly)	brith berthyn
relax	llaesu dwylo
reluctant	yn gyndyn
reluctantly	llwyr ei din
reminds me of	dwyn ar gof
renowned	o fri
reopen old wounds	codi crach
repeatedly	dro ar ôl tro
repeatedly	drosodd a thro
repeatedly	sawl gwaith
reprimand (to)	teimlo blaen ei dafod
resentful (to be)	dal dig
resign oneself to	plygu i'r drefn
respecter, no (of persons)	di-dderbyn-wyneb
retrospectively	o edrych yn ôl
review, favourable	yn sgut o
revive an old quarrel	codi hen grach
right a wrong	unioni cam
right mind (no one in their)	neb yn ei iawn bwyll
rightly or wrongly	yn gam neu yn gymwys
ring a bell	canu cloch
ring true	taro deuddeg
road rage	cythraul gyrru
roadside	min y ffordd
roll up one's sleeves	torchi llewys
rolling along	powlio mynd
rolling in money	yn graig o arian
root and branch	brig, gwraidd a bôn
root cause	y drwg yn y caws

rooted to the spot	sefyll yn stond
rough and ready	rhywsut rywsut
round-shouldered	gwargrwm
rub (him) up the wrong way	codi gwrychyn
rubber stamp (a recommendation)	amenio
rubbish!	twt lol y baw!
rule of thumb	synnwyr y fawd
rumour (there's a)	mae si ar led
rumour (to hear a)	cael achlust
run an errand	mynd ar neges
run counter to	tynnu'n groes
run down (criticise)	lladd ar
run on (a) (popular)	tipyn o fynd ar
run out of	mynd yn brin o
run out of steam	chwythu plwc
runt	tin y nyth

S

same spit as	yr un ffunud â
same time	yr un pryd
satisfied (more than)	uwchben eich digon
satisfied with	bodloni ar
satisfy	rhyngu bodd
save for a rainy day	achub angen
say nothing!	Taw piau hi!
scare stiff	codi gwallt eich pen
scared stiff	llond tin o ofn
scattered	ar chwâl
scattered	ar wasgar

Schadenfreude	mêl ar fysedd
scolding	llond pen
scolding	pryd o dafod
scoot	codi cynffon
scoot	ei bachu hi
scrap-heap, on the	ar y domen
seal of approval	sêl bendith
second-best (to be)	cael ail
second-hand	o law i law
Second-rate	talcen slip
second to none	heb ei ail
see eye to eye	gweld lygad yn llygad
see fit to	gweld yn dda
sensible, be	callio
seriously	o ddifrif
serve an apprenticeship	bwrw prentisiaeth
serve its purpose	ateb y diben
set to it	mynd ati
set about doing something	mynd o'i chwmpas hi
set my mind on	rhoi fy mryd ar
set one's hair on end	codi gwallt fy mhen
settle an argument	torri dadl
settle an old score	talu'r hen chwech yn ôl
several	sawl un
severe criticism	bod yn llawdrwm ar
shabby act	tro gwael
shady character	(a)deryn brith
shambles	siop siafins
shambles	traed moch
shame (a)	hen dro
shame (to)	codi cywilydd ar

sharp eye	llygad barcud
shattered	wedi blino'n lân
Shit!	cachu hwch!
short and to the point	yn blwmp ac yn blaen
short cut	llwybr llygad/tarw
shot in the arm	hwb i'r galon
should, you	dylech chi
shouldn't wonder (I)	synnwn i ddim
show someone the way	rhoi rhywun ar ben ffordd
shut	ar gau
shut someone up	cau ceg rhywun
Shut up!	Ca dy ben!
sick (to be)	codi cyfog
sight for sore eyes	balm i'r llygaid
sign (to)	torri enw
sign of (no)	dim sôn am
silently	heb siw na miw
simultaneously	ar yr un pryd
since	oddi ar
sincerely (signing a letter)	yn bur
singly	o un i un
sip (a)	llymaid
sit an exam	sefyll arholiad
Sit down!	Eisteddwch!
slake one's thirst	torri syched
sleep soundly	cysgu'n drwm
slow and steady	pydru mynd
small beer (drink)	diod fain
small of the back	meingefn
small talk	mân siarad
smashed to pieces	yfflon rhacs

snap your fingers	rhoi clec ar fawd
snitch	clapgi
snowball's chance in hell (not a)	dim gobaith caneri
snowflakes	plu eira
so called	bondigrybwyll
so far	hyd yn hyn
so much	hyn a hyn
so they say	yn ôl y sôn
so what	waeth befo (N)
soaking wet	gwlyb diferu
somehow or other	rhywsut neu'i gilydd
something or nothing	diddrwg didda
something useless	cyllell sbaddu malwod
something useless	seren bren
something wrong	rhywbeth yn bod
something's the matter	mae rhywbeth yn bod
sometime or other	rhywbryd neu'i gilydd
sometimes	ar brydiau
soon	yn y man
sooner or later	yn hwyr neu'n hwyrach
sooner the better	gorau po gyntaf
sorry, I'm	drwg gennyf
sorry, I'm	mae'n flin gennyf
soul mate	enaid hoff, cytûn
sound, not a	na siw na miw
source	llygad y ffynnon
southwards	tua'r de
speak off the cuff	siarad o'r frest
spend every penny	blingo'r gath hyd ei chynffon
spend time	byw a bod

spindle shanks	coesau robin goch
spinster	hen ferch
spitting and spluttering	poeri a thasgu
spitting image	yr un poerad
splay footed	traed chwarter i dri
split hairs	hidlo gwybed
spoken	ar lafar
spontaneously	o'r frest
spot on	i'r dim
spot on	yn llygad ei le
sprightly	yn fân ac yn fuan
squatting	yn ei gwrcwd
stale	blas hir hel ar
stamp of approval	sêl bendith
stand on your own two feet	cael eich traed tanoch
stand still	sefyll yn stond
start an engine	tanio peiriant
start the ball rolling	gwthio'r cwch i'r dŵr
stay away!	cadw draw!
steady	araf deg
Steady on!	Gan bwyll!
stealthily	o lech i lwyn
step by step	cam a cham
step by step	gam a cham
step by step	gan bwyll bach
step by step	o gam i gam
stick up for (someone)	achub cam
sticky fingers (thief)	dwylo blewog
still (ongoing)	o hyd
stir things up	cynhyrfu'r dyfroedd
story, the same old	yr un hen gân

straight out	heb flewyn ar dafod
strike a chord	taro tant
strong liquor	diod gadarn
struggle (to)	rhygnu byw
sublime to the gorblimey	camp a rhemp
substantial	o sylwedd
succeed	cael hwyl arni
succeed	cael y maen i'r wal
successively	naill ar ôl y llall
sulk	pwdu
sulk	sorri'n bwt
supposed to (he's)	mae i fod
sure (I'm)	rhaid gen i
swallow in one gulp	llyncu ar ei dalcen
sweeping assertion	dweud mawr
sweetness and light	yn fêl i gyd
switch off	diffodd
sympathise	teimlo dros

T

take (to)	mynd â
take a picture	tynnu llun
take advantage	achub/dal ar y cyfle
take offence	gweld yn chwith
take pride in	ymfalchïo yn
take revenge	talu'r hen bwyth yn ôl
take umbrage	llyncu mul
Take your time!	Cymer bwyll!
talk nonsense	malu cachu
talk non-stop	siarad fel pwll y môr

talking to (a good)	pryd o dafod
tamping mad	yn gacwn gwyllt
taste of things to come	tamaid i aros pryd
tear to ribbons	torri'n gareiau
tears, it will all end in	chwarae'n troi'n chwerw
teeming with	yn frith o
tell all	bwrw ei fol
tell it as it is	heb flewyn ar dafod
tell it as it is	yn blwmp ac yn blaen
tell lies	rhaffu celwyddau
tell tales	hel/cario clecs
tell time and again	dweud a dweud
telling off	rhoi pryd o dafod
temporarily	am y tro/dros dro
Thank goodness!	Diolch byth!
the tragedy is	dagrau pethau
there and then	yn y fan a'r lle
there's no point	thâl hi ddim!
there's no two ways	does dim dwywaith
thereupon	gyda hynny
these	y rhai hyn/rhain
thick as two short planks	coes brwsh, fel
think highly of	meddwl y byd o
this long time	ers llawer dydd
this long time	ers talwm
this long time	ers tro byd
this morning	bore heddiw
this time	y tro 'ma
threaten	chwythu bygythion
threaten	codi dwrn
three score years and ten	oed yr addewid

three sheets in the wind	cwrw ym mol, twrw ym mhen
thrilled to bits	mopio ar
through and through	drwyddi draw
throughout	ar (ei) hyd
throughout	drwy gydol
throw in your teeth	dannod ichi/edliw
tick off	rhoi llond pen
tie up the loose ends	cau pen y mwdwl
time (at the same)	ar yr un pryd
time and again	drachefn a thrachefn
time and again	dro ar ôl tro
tittle-tattle	clecs
to a whisker	i'r blewyn
to hand	wrth law
to the hilt	i'r carn
together	gyda'i gilydd
told off (to be)	cael llond pen
too late	codi pais ar ôl pisio
top to tail	brig gwraidd a bôn
topsy turvy	siang-di-fan
touch and go	cael a chael
towards	tuag at
trace of (no)	dim sôn am
trace of (no)	na lliw na llun
treat badly	cael cam
trick, dirty	hen dro gwael
trivia	mân lwch y cloriannau
trouble (what's the)?	beth sydd o'i le?
trouble is (the)	y drwg yn y caws
truly sorry	drwg calon
turn a blind eye	cau llygaid ar

twelfth of Never	Sul y Pys
twenty four seven	Sul, gŵyl a gwaith
twinkling of an eye (in the)	chwap

U

U turn	tro pedol
ugh!	ach y fi
ultimately	pen draw
umbrage, to take	gweld yn chwith
unbeknown	yn ddiarwybod
undecided	cloffi rhwng dau feddwl
under lock and key	dan glo
under pressure	dan bwysau
underhand	dan din
undermine	tynnu tir dan draed
unemployed	ar y clwt
unjustly	ar gam
unnecessary	heb eisiau
unreliable	chwit chwat
unreliable	dim dal
unreliable	fel heddi(w) a fory
until	hyd nes
unwillingly	o anfodd
up (from bed)	ar lawr
up against it	mynd yn sgrech
up to now	hyd yn hyn
uproar	berw gwyllt
upset everybody	tynnu pawb yn eich pen
upshot (in the end)	pen draw
upside down	wyneb i waered

usually	fel arfer

V

valuable	gwerth chweil
van, in the (battle)	ar flaen y gad
verge (on the)	ar drothwy
very angry	blin fel tincer
very beginning	dechrau cychwyn
very challenging	talcen caled
very fond of	sgut am
very last minute	yn ben set
very late	hwyr glas
very old	mewn gwth o oedran
very well	o'r gorau
via	drwy law
vicinity (in the)	yn y cyffiniau
vomit (to)	codi cyfog

W

waccy-baccy	mwg drwg
wait a minute!	hanner munud!
want to (I)	codi chwant arnaf
waster	pwdryn
wee small hours	oriau mân y bore
weigh up	pwyso a mesur
well done	go lew
well satisfied	ar ben eich digon
westwards	tua'r gorllewin
What a shame!	Hen dro!

What on earth?	Beth yn y byd?
whatever	beth bynnag
whatever	ta p'un
What's the matter?	Beth sy'n bod?
whenever	pryd bynnag
wherever	ble bynnag
wherever	lle bynnag
whether you like it or not	o fodd neu anfodd
while (in a)	maes o law
whim	chwiw
Who the hell!	Pwy uffach!
whole hour	awr gron
Why not?	Pam lai?
Why on earth ?	Pam gynllwyn?
wide open	ar led
wide open	lled y pen
win (to)	mynd â hi
wind up	dirwyn i ben
wishful thinking	breuddwyd gwrach
with all my might	â'm deg ewin
with might and main	nerth braich ac ysgwydd
with no ifs and buts	heb os nac oni bai
with that	ar hyn
within a whisker	i drwch y blewyn
without a sound	heb siw na miw
Woe is me	gwae fi
word (not a)	dim bw na ba
world and his wife	byd a'r betws
world over (the)	o bedwar ban byd
worried sick	poeni fy enaid
worse luck	gwaetha'r modd

wrecked	rhacs jibidêrs
wrecked	wedi mynd â'i ben iddo
written down	ar glawr
wrong way around	tu chwith

Y

yet again	eto fyth
You don't say!	Taw!
you don't say!	tewch â sôn!

Welsh	***English***

A

(a)deryn brith	shady character
a dweud y gwir!	Fancy that!
â'ch deg ewin	might (with all your)
a'ch gwynt yn eich dwrn	breathless
a'ch pen yn eich plu	fed up
a'ch pen yn eich plu	down in the mouth
a'ch pen yn y gwynt	couldn't care less
ac ati	and so on
ac ati	etcetera
ac eithrio	except
ac yn y blaen	and so on
ach y fi	ugh!
achub angen	save for a rainy day
achub cam	defend
achub cam	stick up for (someone)
achub y blaen ar	forestall
achub y cyfle	grasp the opportunity
achub/dal ar y cyfle	take advantage
addo môr a mynydd	promise the earth
aeth yn nos arnaf	mind went blank (my)
agos ati	close to the mark
agos atoch	approachable
agos i'm lle	not far out
ail i ddim	next to nothing
allan o gyrraedd	inaccessible

allan ohoni	out of it
am byth	forever
am ddim	free
am dipyn	awhile
am wn i	as far as I know
am y gorau	as best you can
am y tro	for the time being
am y tro/dros dro	temporarily
am ychydig	briefly
am yn ail	alternately
am yn ail	every other
am yn ôl	backwards (to go)
ambell waith/dro	occasionally
amenio	rubber stamp (a recommendation)
amenio rhywbeth	concur with
angen berwi pen	needs his head examined
angen clymu fy mhen	need my head examined
ar (ei) hyd	throughout
ar adegau	at times
ar ben	at an end
ar ben	finished
ar ben drws	on the doorstep
ar ben ei ddigon	more than happy
ar ben ei ddigon	on top of the world
ar ben eich digon	well satisfied
ar bigau drain	anxiously
ar bigau drain	on edge
ar bigau drain	on tenterhooks
ar bob cyfrif	by all means
ar brydiau	at times

ar brydiau	sometimes
ar bwys	near
ar chwâl	scattered
ar ddechrau	about to begin
ar ddod	imminent
ar ddu a gwyn	in writing
ar drai	in decline
ar draul	at the cost of
ar draws	across
ar dro	askew
ar droi	going sour (milk)
ar drothwy	on the point of
ar drothwy	verge (on the)
ar ei ben	precisely
ar ei ben ei hun	alone
ar ei golled	out of pocket
ar ei hôl hi	behind the times
ar ei hyd	lengthwise
ar eich liwt eich hun	off your own bat
ar eich pen eich hun	by myself
ar eich tomen ei hun	at home
ar eu prifiant	growing
ar f'enaid i!	I'll be blowed!
ar fin	about to
ar fin	just about to
ar fin	on the verge of
ar flaen y gad	van, in the (battle)
ar flaenau eich traed	on your toes
ar frys	hastily
ar frys gwyllt	hurry scurry
ar ffo	on the run

ar gael	available
ar gam	erroneously
ar gam	unjustly
ar garlam	full tilt
ar gau	shut
ar glawr	in print
ar glawr	written down
ar glo	locked
ar gof a chadw	on record
ar goll	lost
ar gyfeiliorn	astray
ar gyfer	for
ar gyrion	on the outskirts
ar hanner	on half
ar hap	by chance
ar hap a damwain	accidentally
ar hap a damwain	at random
ar hast	hastily
ar hyd	along
ar hyd ac ar led	here there and everywhere
ar hyn	with that
ar hyn o bryd	at present
ar hyn o bryd	at the present
ar hyn o bryd	now
ar hyn o bryd	presently
ar hynny	just then
ar lafar	spoken
ar lawr	up (from bed)
ar led	wide open
ar lun a delw	in the image of
ar ôl	behind

ar ôl	left behind
ar ran	on behalf of
ar ras	in a rush
ar ras wyllt	helter-skelter
ar ryw olwg	in some respects
ar un olwg	in one respect
ar unwaith	at once
ar wahân	apart
ar wahân i	except for
ar waith	in progress
ar waith	in use
ar wasgar	scattered
ar y blaen	ahead
ar y blaen	at the head
ar y brig	at the top
ar y brig	on top
ar y clwt	destitute
ar y clwt	unemployed
ar y cychwyn	begin with (to)
ar y cyd	jointly
ar y cyfan	on the whole
ar y cythraul	hellishly
ar y dechrau'n deg	beginning, at the very
ar y diawl	hellishly
ar y domen	on the scrap-heap
ar y ffordd	on the way
ar y ffordd/gweill	in progress
ar y gair	instantly
ar y gweill	in hand
ar y naw	awefully
ar y naw	extremely

ar y pryd at the time
ar yn ail every other
ar yr un pryd simultaneously
ar yr un pryd time (at the same)
araf bach nice and slow
araf deg steady
Arglwydd Mawr! Good God!
arian mân loose change
arnaf i mae'r bai it's my fault
Arswyd y byd! good heavens!
asgwrn y gynnen bone of contention
at alw for use
at ei gilydd by and large
at ei gilydd generally
at iws for use
ateb y diben do the trick
ateb y diben serve its purpose
awr gron whole hour
awyr iach fresh air

B

bach yn dwp bright, not very
bacha hi o 'ma! push off!
balm i'r llygaid sight for sore eyes
Bant â ni! Let's go!
bant â ni! off we go!
bant â'r cart! off we go!
ben bore first thing
berw gwyllt uproar
beth bynnag whatever

beth sydd o'i le?	trouble (what's the)?
Beth sy'n bod?	What's the matter?
Beth yn y byd?	What on earth?
beunydd beunos	continually
bid hynny fel y bo	be that as it may
bid sicr	certainly
bid siŵr	certainly
blaen y gad	front line
blas fy nhafod	piece of my mind
blas hir hel ar	stale
blas y cyw yn y cawl	chip off the old block
ble bynnag	wherever
blin fel tincer	very angry
blingo'r gath hyd ei chynffon	spend every penny
blith draphlith	higgledy-piggledy
blwyddyn gron	full year
bob amser	every time
bob cam	all the way
bob cam	every step of the way
bob hyn a hyn	now and then
bob hyn a hyn	every now and then
bob o	each
bob tro	every time
bob yn ail	every other
bob yn dipyn	bit by bit
bob yn un	individually
bob yn un	one at a time
bob yn ychydig	gradually (action)
Bobol bach!	Good gracious!
bod ar ei golled	lose out
bod ar fy ennill	better off

bod wrthi	in action
bod yn falch i	glad to
bod yn flin gyda	irritated (to be)
bod yn llawdrwm ar	severe criticism
boddi yn ymyl y lan	fall at the last fence
boddi yn ymyl y lan	pipped at the post
bodloni ar	satisfied with
bois bach!	good gosh!
bondigrybwyll	so called
Brensiach y brain!	Blimey!
brethyn cartref	homespun
breuddwyd gwrach	pie in the sky
breuddwyd gwrach	wishful thinking
brig gwraidd a bôn	top to tail
brig gwraidd a bôn	root and branch
brig y wawr	dawn
brith berthyn	distantly related
brith berthyn	related (distantly)
brith gof	faint recollection
britho	go grey (hair)
brodorion	indigenous people
bron â	almost
bron â sythu	freezing (I'm)
brych	idiot
bwrw am	head for
bwrw arni	get on with it
bwrw ati	get on with it
bwrw ei ffrwyth	brew (tea)
bwrw ei fol	tell all
bwrw golwg dros	look over (examine)
bwrw oddi ar ei echel	knock him off his stride

bwrw prentisiaeth	serve an apprenticeship
bwrw'r traul	count the cost
byd a'r betws	world and his wife
bydd wych	all the very best
bysedd cloc	hands of clock
byth a beunydd	constantly
byth a beunydd	forever
byth a hefyd	always
byw a bod	spend time
byw ac iach	alive and well
byw tali	cohabit
byw'n fain	live frugally

C/Ch

Ca dy ben!	Shut up!
cachgi	coward
cachu hwch	bullshit
cachu hwch!	Shit!
cadw ar glawr	record (keep a)
cadw cow ar	keep under the thumb
cadw draw!	keep away!
cadw draw!	stay away!
cadw helynt	make a fuss
cadw pen rheswm	chat (have a)
cadw sŵn	noisy
cadw'r ddysgl yn wastad	impartial (to be)
cadw'r ddysgl yn wastad	be fair
cadw'r slac yn dynn	pretend to work
cael a chael	close shave
cael a chael	touch and go

cael achlust	rumour (to hear a)
cael ail	second best (to be)
cael blas ar	enjoy
cael cam	treat badly
cael cawell	get the old heave-ho
cael crap ar	get a grasp of
cael dau ben llinyn ynghyd	make ends meet
cael eich pig i mewn	foothold (get a)
cael eich traed tanoch	stand on your own two feet
cael gwared â	get rid of
cael hwyl arni	succeed
cael hyd i	find
cael llond bol	fed up with
cael llond pen	told off (to be)
cael modd i fyw	joy (to be full of)
cael mynediad i	gain admittance
cael pryd o dafod	dressing down (a)
cael sgwrs	chat (have a)
cael y maen i'r wal	finish the job
cael y maen i'r wal	succeed
caib a rhaw	manual labour
callio	sensible, be
calon y gwir	honest truth
cam a cham	step by step
cam ceiliog	one small step
cam gwag	false step
camp a rhemp	sublime to the gorblimey
can diolch	many thanks
cannwyll ei llygad	apple of her eye
cannwyll y llygad	pupil (eye)
cant a mil o bethau	one hundred and one

canu cloch	ring a bell
canu'n iach	farewell, to bid
cario ar	defeat
carthu gwddwg	clear my throat
cas gen i	can't stand
cas gen i	I hate
cath i gythraul	bat out of hell
cath mewn cwd	pig in a poke
cau	do up (button)
cau ceg rhywun	shut someone up
cau llygaid ar	turn a blind eye
cau pen y mwdwl	close, bring to a
cau pen y mwdwl	tie up the loose ends
cau'n glep	bang shut
cawl aildwym	rehash
cecryn	bickerer
cefn gwlad	heart of the country
ceiliog ar ei domen ei hun	cock of the walk
ceit	idiot
cer i'r diawl!	bugger off!
Cer i'r diawl!	Go to hell!
cer o 'ma!	get away with you!
Cer o 'ma!	Go away!
Choelia i fawr!	I don't believe it!
chwa o awyr iach	breath of fresh air
chwap	twinkling of an eye (in the)
Chwarae teg!	Fair play!
chwarae'n troi'n chwerw	tears, it will all end in
chwarae'r diawl â	play merry hell with
chwarae'r ffon ddwybig	duplicitous (to be)
chwerthin yn ei ddyblau	fits of laughter

chwilio a chwalu	look high and low
chwilio eira llynedd	long for the good old days
chwip din	hiding (a) (punishment)
chwip o	outstanding
chwit chwat	unreliable
chwiw	whim
chwythu bygythion	threaten
chwythu plwc	run out of steam
ci rhech	bootlicker
cilagored	ajar
clamp o	huge
clamp o	one heck of a
clapgi	snitch
clatsio arni	get on with it
clecs	tittle-tattle
cloffi rhwng dau feddwl	undecided
cnoi tafod	hold one's tongue
cnoi cil	chew over
cnoi cil	mull over
cnoi cil ar	ponder
coblyn o	great big (a)
coc oen	prat
Cod dy galon!	Cheer up!
codi bwganod	raise the spectre of
codi bys	beckon
codi chwant arnaf	want to (I)
codi cloch	raise one's voice
codi crach	reopen old wounds
codi cyfog	sick (to be)
codi cyfog	vomit (to)
codi cynffon	scoot

codi cywilydd ar	shame (to)
codi dwrn	threaten
codi gwallt eich pen	make your hair curl
codi gwallt eich pen	scare stiff
codi gwallt fy mhen	set one's hair on end
codi gwrychyn	angry (to become)
codi gwrychyn	put his back up
codi gwrychyn	raise his/her hackles
codi gwrychyn	rub (him) up the wrong way
codi hen grach	revive an old quarrel
codi mwnci	raise his/her hackles
codi ofn	frighten (to)
codi pais ar ôl pisio	too late
codi sgwarnog	red herring
codi tâl	charge a fee
codi twrw	kick up a row
codi'ch mwnci	lose your temper
codi'n braf	fine (weather)
codi'r canu	lead the singing (in chapel)
coel gwrach	old wives' tale
coes brwsh, fel	thick as two short planks
coesau bachau crochan	bandy-legged
coesau robin goch	spindle shanks
coffa da am	blessed memory (of)
colli cyfle	miss an opportunity
craffu	look closely
crafu pen	puzzle
creu bwganod	imagine threats
creu llanastr	clutter up
crocbris	cost an arm and a leg
croen ei din ar ei dalcen	in a bad mood

croesholi	cross examine
crymffast	bumpkin
cryn dipyn	considerable
cryn dipyn	lot (a)
cryn dipyn	quite a bit
curo dwylo	clap (to)
cwd y mwg	moonshine
cwrw ym mol, twrw ym mhen	three sheets in the wind
cwtsio lan	nestle
cyd-dynnu	get along with (someone)
cyff gwawd	figure of fun
cyff gwawd	laughing stock
cyfranogi	participate
cyfyng-gyngor	dilemma
cyllell sbaddu malwod	something useless
Cymer bwyll!	Take your time!
cymryd cam gwag	miss my step
cymryd camau breision	make progress
cyn bo hir	before long
cyn pen dim	presently
cyn pryd	before time
cynddeiriogi	fume with rage
cynffonnwr	creep
cynhyrfu'r dyfroedd	stir thing's up
cynnig dros ysgwydd	not a serious offer
cyrn, croen a charnau	lock stock and barrel
cysgu'n drwm	sleep soundly
cythraul gyrru	road rage

D

da bo	good day
Da chi!	For goodness' sake!
da gennyf	I'm glad
dagrau pethau	the tragedy is
dal ati	carry on
dal ati	persevere (to)
dal dig	chip on the shoulder
dal dig	resentful (to be)
dal pen rheswm	reason (to)
dal y ddysgl yn wastad	even handed
dal y slac yn dynn	give an impression of work
dallt y dalltings	know where it's at
dallt y dalltins (NW)	get it (understand)
dan anfantais	disadvantaged
dan anfantais	handicapped
dan bwysau	under pressure
dan deimlad	emotional
dan din	underhand
dan do	indoors
dan draed	in the way
dan ei sang	full to bursting
dan gamp	excellent
dan glo	locked up
dan glo	under lock and key
dan sylw	in question
dan y don	going under
dannod ichi/edliw	throw in your teeth
dau ddwbwl a phlet	in stitches (laughing)
ddim yn ffôl	not bad

dechrau cychwyn	very beginning
Dere mlaen! (S)	Come on!
dianc	get away
diarffordd	inaccessible
di-chwaeth	bad taste
di-dderbyn-wyneb	respecter, no (of persons)
diddrwg didda	something or nothing
difaru (edifarhau)	regret
diffodd	switch off
diflewyn -ar dafod	forthright
difyrru'r amser	pass the time
digalonni	lose heart
di-glem	clueless
digon o farn	enough of a nuisance
di-lol	forthright
Dim ar unrhyw gyfrif!	No way!
dim bw na ba	word (not a)
dim byd	nothing
dim byd o'i le	nothing wrong with
dim byd yn bod	nothing wrong with
dim byw na bod gyda	peace (not a moment's)
dim clem	no idea
dim dal	unreliable
dim dal ar	can't depend on
dim dros fy nghrogi	not for the world
dim dwywaith amdani	no doubt about it
dim gobaith caneri	snowball's chance in hell (not a)
dim gwerth	no good
dim hyd y gwn i	aware of (not that I'm)
dim o gwbwl	not at all
dim o gwbwl	nothing at all

dim oll	nothing at all
dim ond	only
dim ots	doesn't matter
dim ots	it doesn't matter
dim ots (S)	never mind
dim peryg(l)!	No way!
dim rhwng ei ddwy glust	dull (stupid)
dim sôn am	sign of (no)
dim sôn am	trace of (no)
dim tamaid callach	none the wiser
dim un	not one
dim yn hwylus	not well
dim yn llawn llathen	not all there
dim yn yr un cae	not in the same league
dim yn yr un cae â	class (not in the same)
dinod	modest (no account)
diod fain	small beer (drink)
diod gadarn	strong liquor
Diolch byth!	Thank goodness!
dirfawr angen	need (dire)
dirwyn i ben	bring to an end
dirwyn i ben	peter out
dirwyn i ben	wind up
distyll y trai	lowest ebb
diwedd y gân yw'r geiniog	money, it all comes down to
diwrnod i'r brenin	holiday
dod at ei goed	bring to one's senses
dod at eich coed	mend your ways
dod ataf fy hun	come to (to)
dod i ben	cease
dod i ben	finish

dod i ben	pull it off
dod i'r golwg	come to light
doed a ddêl	come what may
does dim dal	no telling (there's)
does dim dwywaith	there's no two ways
drachefn a thrachefn	time and again
dro ar ôl tro	repeatedly
dro ar ôl tro	time and again
dros ben	extremely
dros ben	left over
dros ben	over
dros ben llestri	over the top
dros byth	enduringly
dros eich pen a'ch clustiau	head over heels
dros fy nghrogi	for the life of me
drosodd a thro	repeatedly
druan ag e'!	poor old thing!
drwg calon	truly sorry
drwg gennyf	sorry, I'm
drwg yn y caws	fly in the ointment
drwy gydol	throughout
drwy law	via
drwy lwc	luckily
drwyddi draw	through and through
Duw a ŵyr!	God knows!
Duw a'n gwaredo!	God help us!
dweud a dweud	tell time and again
dweud eich dweud	have your say
dweud mawr	sweeping assertion
dweud y drefn	lay down the law
dweud yn hallt	criticise severely

dwy law chwith	awkward
dwylo blewog	sticky fingers (thief)
dwyn anfri ar	bring into disrepute
dwyn ar gof	reminds me of
dwyn i ben	complete (to)
dydd o brysur bwyso	day of reckoning
dyddiau blin	hard times
dyheu	hanker after
dylech chi	should, you
dyn a ŵyr	goodness only knows
dyn a'm helpo!	God help me!
dyn dŵad	newcomer
dyrnaid	handful
dysgu ar eich cof	learn by heart

E

echnos	night before last
edrych draw	look away
edrych yn llygad y geiniog	live frugally
edrych yn llygad y geiniog	mean (parsimonious)
egin syniad	germ of an idea
ei bachu hi	scoot
ei dweud hi	lay down the law
ei gwala a'i gweddill	enough and to spare
ei harllwys hi/tresio bwrw	rain heavily
ei throi hi	head for home
ei throi hi	leave (a place)
eich llygaid yn fwy na'ch bola	greedy
eisiau bwyd	hungry, to be
Eisteddwch!	Sit down!

eithaf da/lled dda	quite good
eithaf drwg/ pur ddrwg	quite bad
eithaf peth	good idea
eithaf peth	just right
eithaf tebyg/pur debyg	quite likely
enaid hoff, cytûn	soul mate
ennill ei blwyf	acceptable (become)
ennill ei blwyf	establish itself
ennill ei fara menyn	make one's living
ennill tir	make progress
er budd	in aid of
er eich mwyn chi	for your sake
er gwaethaf	despite
er gwaethaf	in spite of
er mwyn	for the sake of
er mwyn	in order to
er mwyn dyn!	For goodness' sake!
erbyn meddwl	on second thoughts
ergyd o wn, fel	off like a shot
ers achau	for ages
ers cyn cof	from time immemorial
ers llawer dydd	this long time
ers talwm	long ago
ers talwm	this long time
ers tro byd	for some time
ers tro byd	this long time
esgus	pretend (to)
esgus bod	pass oneself off as
esgyrn Dafydd!	Bloomin Heck!
eto fyth	yet again
eto i gyd	nevertheless

F/Ff

fan hyn	here
fawr o dro	no time at all
fawr o neb	not many people
fe ddichon	perhaps
fel arall	otherwise
fel arfer	usually
fel bola buwch	pitch black
fel cath i gythraul	hell for leather
fel gafr ar daranau	can't stay still
fel haul ar bost	plain as a pikestaff
fel heddi(w) a fory	unreliable
fel heddiw ac yfory	indecisive
fel mae'n digwydd	as a matter of fact
fel petai	as it were
fel pisio mochyn yn yr eira	all over the place
fel y boi	happy
fel y gog	happy as a lark
fel y gog	in high spirits
fesul modfedd	inch by inch
ffit ffat	flat footedly
ffoli ar	infatuated
ffordd bynnag	anyhow
ffys a ffwdan	brouhaha
fi fawr	egotism
fin nos	evening, in the
fodd bynnag	however

G

Gad lonydd iddo!	leave him alone!
gair dros ysgwydd	empty promise
gair i gall	hint
gam a cham	step by step
gan amlaf	mainly
gan amlaf	mostly
gan amlaf	predominantly
gan bwyll	cautiously
gan bwyll bach	step by step
Gan bwyll!	Steady on!
gan fwyaf	mainly
gartref	at home
gast	bitch (woman)
gefn nos	dead of night
gefn trymedd nos	middle of the night
gerllaw	close by
glaw mân	drizzle
glo mân	nitty-gritty
go brin	hardly
Go drapia!	Dam!
Go fflamia!	Bloody hell!
go iawn	genuine
go lew	well done
gofalu am	keep an eye on
gofyn dros ysgwydd	insincere invitation
gollwng dros gof	forget
gorau glas	level best
gorau i gyd	all the better
Gorau i gyd!	Better still!

gorau o ddigon	far away the best
gorau po gyntaf	sooner the better
grwgnach	complain (to)
gwae fi	Woe is me
gwaetha'r modd	more's the pity
gwaetha'r modd	worse luck
gwaith caib a rhaw	donkey work
Gwarchod pawb!	Goodness me!
gwargrwm	round-shouldered
gwas bach	fetch and carry (his/her)
gweddill a gwala	more than enough
gweddol	fairly good
gweld bai	find fault
gweld eisiau	miss (to)
gweld lygad yn llygad	see eye to eye
gweld yn chwith	take offence
gweld yn chwith	umbrage , to take
gweld yn dda	see fit to
gwell byth	even better
gwell clwt na thwll	better something than nothing
gwell i mi	I'd better
gwella	get better
gwerth chweil	valuable
gwir i wala	gospel truth
gwirion bost	dull as a brush
gwirioni ar	infatuated
gwlyb diferu	soaking wet
gwneud cam â	do an injustice
gwneud cam â	injustice (to do someone)
gwneud cawl o	make a mess of
gwneud hast	hurry

gwneud hwyl amdano	laugh it off
gwneud iawn am	compensate for (to)
gwneud iawn am	make up for
gwneud môr a mynydd o	exaggerate
gwneud sbort/hwyl am ben	make fun of
gwneud smonach	make a mess of
gwneud y tro	do (this will)
gwneud y tro	it'll do
gwneud yn fach o	belittle
gwneud yn fawr o	make the most of
gwrando'n astud	listen closely
gwthio'r cwch i'r dŵr	start the ball rolling
gwybod ar eich cof	know by heart
gwybod faint o'r gloch yw hi	know where things are at
gwybod fy mhethau	know my stuff
gwyllt gacwn	hopping mad
gwylltio'n gaclwm	fly off the handle
gwynt teg ar ôl rhywun	good riddance
gwynt traed y meirw	East wind
gwynt yn fain	piercing wind
gyda hyn	herewith
gyda hynny	thereupon
gyda llaw	by the way
gyda'i gilydd	together
gyda'r hwyr	evening, in the
gymaint â	equally
gynnau fach	just now

H

haf bach Mihangel	Indian Summer

hanner call a dwl	half baked
hanner call a dwl	nuts
hanner gair	hint
hanner munud!	wait a minute!
hanner pan	half baked
hanner pan	not all there
heb ei ail	second to none
heb eisiau	unnecessary
heb falio am neb na dim	regardless of the consequences
heb flewyn ar dafod	call a spade a spade
heb flewyn ar dafod	straight out
heb flewyn ar dafod	tell it as it is
heb os nac oni bai	decidedly
heb os nac oni bai	with no ifs and buts
heb siw na miw	silently
heb siw na miw	without a sound
heb sôn am	as well as
heb sôn am	not to mention
hel clecs	gossip (to)
hel dail	beat about the bush
hel fy mhac	pack up
hel meddyliau	brood
hel/cario clecs	tell tales
hen ben	old hand
hen bryd	high time
hen dro	shame (a)
Hen dro!	What a shame!
hen dro gwael	trick, dirty
hen drwyn	nosey parker
hen ddigon	more than enough
hen ddigon	plenty

hen ddyddiau	old age
hen ddyddiau	old days
hen ferch	spinster
hen gadno	cunning person
hen gastiau	bad habits
hen geg	gossip (a)
hen gonen	misery a (female)
hen lanc	bachelor
hen law	expert (an)
hen lwynog	cunning person
hepgor	do without
hewl ymlaen	long way ahead
hidia befo (N)	never mind
hidio dim taten	couldn't care less
hidio dim taten	don't care in the least
hidlo gwybed	split hairs
hoelion wyth	big guns
hoff gennyf	I like
holi a stilo	pump for information
holi'i berfedd	interrogate
holi'n dwll	question hard
hwb i'r galon	shot in the arm
hwnt ac yma	here and there
hwp-di-hap	any old how
hwyl a sbri	fun and games
Hwyl fawr!	All the best!
hwyliau da/drwg	mood (good/bad)
hwylio	prepare (a meal)
hwyr glas	very late
hyd a lled y mater	long and short of it
hyd at syrffed	more than enough

hyd byth	eternally
hyd nes	until
hyd y gwn i	presumably
hyd yn hyn	hitherto
hyd yn hyn	so far
hyd yn hyn	up to now
hyd yn oed	even
hyn a hyn	only so much
hyn a hyn	so much
hyn o fyd	as things are

I

i drwch y blewyn	within a whisker
i ffwrdd	away
i goroni'r cyfan	cap it all (to)
i waered	downwards
igam ogam	crookedly
i'r blewyn	to a whisker
i'r carn	to the hilt
i'r dim	perfect
i'r dim	spot on
i'w r(h)yfeddu	admirably

J

jaden	bitch (woman)
jiw!jiw!	good gosh!

L/Ll

lai a llai	decreasingly
ling-di-long	leisurely
liw dydd	in broad daylight
liw nos	by night
liw nos	nocturnally
lol botes maip	a load of codswallop
lwc mwnci	a lucky break
lòg o	great big
llabwst	bumpkin
llacio'r gengl	ease off
lladd ar	cast aspersions
lladd ar	pull to pieces
lladd ar	run down (criticise)
lladd ar rywun	criticise someone
llaesu dwylo	relax
llai o lawer	much less
llaw flewog	light-fingered
llawer gwaith	many times
llawr gwlad	lowland
lle bynnag	wherever
lled cae	not far
lled y pen	wide open
llefain y glaw	floods of tears
llinyn trôns	dipstick
llo cors	gormless person
llond bol	more than enough
llond ei groen	hale and hearty
llond ei groen	portly
llond gwlad	crowd

llond pen	scolding
llond tin o ofn	scared stiff
llosgi yn eich croen	bursting to do something
llosgi yn fy nghroen	itching to
llunio'r gwadn fel bo'r troed	live within one's means
llwrw ei ben	headlong
llwybr llygad/tarw	short cut
llwyddo	get on (succeed)
llwyr ei din	arse backwards
llwyr ei din	reluctantly
llwyr ei gefn	backwards
llyfu tin	flatter
llygad barcud	sharp eye
llygad y ffynnon	horse's mouth
llygad y ffynnon	source
llygad yr haul	direct sunlight
llygaid barcud	keen eyesight
llygedyn o	glimmer (of)
llymaid	sip (a)
llyncu ar ei dalcen	swallow in one gulp
llyncu mul	take umbrage

M

mae cas gennyf	hate (I)
mae graen glaw arni	looks like rain
mae i fod	supposed to (he's)
mae naws (*eira*) arni	feels like (snow, thunder etc.)
mae rhywbeth yn bod	something's the matter
mae si ar led	rumour (there's a)
mae'r gwyddau yn y ceirch	fat's in the fire

mae'n bechod	it's a shame
mae'n chwith gennyf glywed	I'm sorry to hear
mae'n dda gen i	I'm pleased to hear
mae'n ddrwg gen i	I'm sorry to hear
mae'n flin gennyf	sorry, I'm
mae'n gas gen i	I dislike
mae'n rhaid gen i	I'm sure
mae'n rhaid imi	I must
mae'n well gen i	prefer, I
maes o law	eventually
maes o law	while (in a)
magu asgwrn cefn	courageous (to be)
magu bloneg	put on weight
magu bol	pot belly (develop)
magu plwc	pluck up one's courage
malio'r un ffeuen	fig, (don't give a)
malu awyr/rwdlan	prattle
malu cachu	talk nonsense
man a man	may as well
man a man	might as well
man gwyn man draw	grass is always greener (the)
mân lwch y cloriannau	trivia
mân siarad	small talk
Mas â ti!	out you go!
Mawredd mawr !	Dear me!
Mawredd mawr!	good heavens!
Mawredd mawr!	Good Lord!
mawredd!	heavens!
meddw chwil	blotto
meddw gaib	pissed (drunk)
meddwl y byd o	think highly of

megis cychwyn	only just beginning
meingefn	small of the back
mêl ar fysedd	Schadenfreude
merch benchwiban	flibbertigibbet
merwino clustiau	jar on one's ears
mesur a phwyso	evaluate
methu byw yn eich croen	can't wait
methu'n deg â	can't for the life of me
methu'n lân	fail completely
mewn byr eiriau	in brief
mewn cachad	in a jiffy
mewn cawl	in a pickle
mewn chwinciad chwannen	in a jiffy
mewn chwinciad chwannen	instantaneously
mewn cyfyng gyngor	on the horns of a dilemma
mewn da bryd	early
mewn dim o dro	instantaneously
mewn golwg	in mind
mewn grym	in force
mewn gwth o oedran	very old
mewn oed	adult
mewn pryd	in time
mewn strach	fix (in a)
min nos	eventide
min y ffordd	roadside
mis bach	February
mis mêl	honeymoon
modd i fyw	great pleasure
moeli clustiau	listen closely
moeli clustiau	prick up one's ears
mopio ar	infatuated

mopio ar	thrilled to bits
mor hen â phechod	antediluvian
mwg drwg	waccy-baccy
mwg tato	moonshine
mwy na heb	more or less
mwy na heb	on the whole
mwy o dwrw nag o daro	all talk, no action
mwy o dwrw nag o daro	more noise than action
mwy o lawer	much more
mymryn lleiaf	infinitesimal
Myn brain i!	I'll be blowed!
Myn cebyst i!	I'll be blowed!
Myn diawl i!	I'll be buggered!
Myn uffern i!	hell's bells!
mynd â	take (to)
mynd â hi	win (to)
mynd â'i ben iddo	collapsing
mynd â'i phen iddi	go to pot
mynd ar	popular, very
mynd ar chwâl	fall to pieces
mynd ar dân	catch fire
mynd ar ei waeth	deteriorate
mynd â'r maen i'r wal	complete a task
mynd ar neges	run an errand
mynd ar sbri	go out on the town
mynd ati	set to it
mynd bant	go away (to)
mynd dros ben llestri	exaggerate
mynd dros ben llestri	go over the top
mynd fel cath i gythraul	go like the clappers
mynd i blu	get to the nitty-gritty

mynd i ganlyn y gwynt	go walkabout
mynd i hwyl	enthusiastic
mynd i'r gwellt	fail (to)
mynd i'r gwellt	fall through
mynd i'r wal	bankrupt (to go)
mynd o flaen eich gwell	appear in court
mynd o flaen gofid	go to meet trouble
mynd o'ch co'	go mad (angry)
mynd o'ch cof	lose your temper
mynd o'i chwmpas hi	set about doing something
mynd o'i le	go wrong (to)
mynd o'r ffordd	keep out of the way
mynd rhagddo	go ahead
mynd rhwng y cŵn a'r brain	fritter away
mynd rhwng y cŵn a'r brain	go to the dogs
mynd yn brin o	run out of
mynd yn drech na fi	get on top of me
mynd yn ffliwt arnaf	come undone
mynd yn nos arnaf	become desperate
mynd yn ofer	go to waste
mynd yn ôl	back, go
mynd yn rhacs	fall to pieces
mynd yn sgrech	up against it
mynd yn sgrech arnaf	become desperate

N

na bw na ba	not a smic
na chynt na chwedi	nor before nor after
na lliw na llun	nor sight nor sound
na lliw na llun	no trace of

na phen na chynffon	nor head nor tail
na rhych na gwellt	nor head nor tail
na siw na miw	not a sound
nac oer na brwd	apathetic
na'i dwym na'i oer	don't know where he stands
naill ar ôl y llall	successively
naill ochr	aside
naw nos olau	harvest moon
Naw wfft!	blow it!
nawr ac yn y man (S)	now and again
Nawr te!	Now then!
neb yn ei iawn bwyll	right mind (no one in their)
nefi bliw!	good heavens!
Nefoedd wen!	Heavens above
nemor ddim	hardly any
nemor ddim	hardly anything
Neno'r Tad!	in heaven's name!
nerth bôn braich	brute force
nerth braich ac ysgwydd	with might and main
nerth eich pen	as loud as you can
nerth eich traed	lickety-split
nerth fy nhraed	as fast as I can
nesaf peth i ddim	next to nothing
nesáu	get close
newydd sbon	brand new
ni thyciai ddim	of no avail
ni waeth beth	no matter what
ni wiw	it wouldn't do
nid ar chwarae bach	it's not child's play
nid ar chwarae bach	no small task
noson fawr	great night

noswaith dda!	good evening

O

o amgylch	around
o anfodd	unwillingly
o bant i bentan	everywhere
o bant i bentan	from pillar to post
o bant i bentan	high and low
o bedwar ban byd	world over (the)
o bell	from afar
o bell ffordd	by far
o ben bwygilydd	from end to end
o blaid	in favour of
o blith	from amidst
o bob lliw a llun	all shapes and sizes
o bob tu	from all sides
o boptu	on each side
o bosibl	maybe
o bryd i'w gilydd	from time to time
o bryd i'w gilydd	occasionally
o bwys	important
o chwith	amiss
o chwith	back to front
o ddiffyg	due to the lack of
o ddifri' calon	in earnest
o ddifri' calon	honestly
o ddifrif	seriously
o dipyn i beth	gradually
o dipyn i beth	gradually (time)
o dipyn i beth	little by little

o dro i dro	from time to time
o drwch aden gwybedyn	hairsbreadth
o edrych yn ôl	retrospectively
o eigion calon	from the depths of my heart
o fewn y dim	almost
o flaen	before
o fodd neu anfodd	whether you like it or not
o fore gwyn tan nos	dawn to dusk
o fri	renowned
o gam i gam	step by step
o gofio	bearing in mind
o gwmpas	about
o gwmpas	around
o gwmpas ei bethau	well aware
o gwmpas fy mhethau	possession of one's faculties (in)
o hil	well bred
o hyd	still (ongoing)
o hyd/bob adeg	always
o law i law	handed down
o law i law	second-hand
o lawer	by far
o lech i lwyn	stealthily
o leiaf	at least
o linach	descendant of
o lygad y ffynnon	from the horse's mouth
o raid	necessary
o ran hynny	as for that
o ran hynny	in that respect
o reidrwydd	necessary
o sylwedd	substantial
o un i un	singly

o'm rhan i	as far as I'm - - -
o'r gorau	all right
o'ch pen a'ch pastwn eich hun	off your own bat
oddi ar	since
oddi cartref	away
oed yr addewid	three score years and ten
ohono'i hun	of its own accord
o'i gorun i'w sawdl	from head to foot
o'i le	amiss
ond y dim	almost
ond y dim	nearly
o'r blaen	previously
o'r bôn i'r brig	from top to bottom
o'r braidd	barely
o'r bron	consecutively
o'r corun i'r sawdl	head to toe
o'r cychwyn cyntaf	from the very beginning
o'r dechrau yn deg	from the very beginning
o'r diwedd	at last
o'r frest	spontaneously
o'r gloch	o'clock
o'r golwg	out of sight
o'r gorau	O.K.
o'r gorau	very well
o'r naill ben i'r llall	from end to end
o'r naill du a'r llall	from both sides
oriau mân y bore	wee small hours
os digwydd i ti	if you happen
os do fe!	If he did!
Os gwelwch yn dda	please
os oes modd	if possible

os yn bosibl	if possible

P

Paid â sôn!	You don't say!
Palu ymlaen	keep at it
Pam gynllwyn?	Why on earth ?
Pam lai?	Why not?
Parchedig ofn	awe
parchu'r rheolau	keep to the rules
pawb a'i farn	each to his own opinion
pawb a'i gryman	each with an axe to grind
pawb at y peth y bo	do your own thing
pawb at y peth y bo	each to his own
pechu	fall foul of
pechu	offend someone
pen bach	big head
pen dafad	idiot
pen draw	ultimately
pen draw	upshot (in the end)
pen ôl	rear
pen punt cynffon dimai	fur coat and no knickers
pen tost (mae'n ben--)	pain in the neck
pennu amser	decide on a time
perfeddion nos	depths of night
peryg bywyd	dangerous (very)
picio allan	pop out
pisio dryw bach yn y môr	drop in the ocean
pisio yn erbyn y gwynt	go against the grain (futile)
plu eira	snowflakes
plygu glin i	kowtow

plygu i'r drefn	resign oneself to
pob copa walltog	every one
pob dim	everything
pob enaid byw	every one
pob perchen anadl	every living thing
pob twll a chornel	every nook and cranny
pob un wan jac	every one
pob un yn ei dro	in turn
poeni fy enaid	worried sick
poeri a thasgu	spitting and spluttering
porcyn	naked
porcyn	nothing on (clothes)
potsian	mess about
powlio mynd	rolling along
pryd a gwedd	appearance
pryd a gwedd	countenance
pryd bynnag	whenever
pryd o dafod	piece of my mind
pryd o dafod	scolding
pryd o dafod	a good talking to
prysur bwyso	reckoning
pwdryn	waster
pwdu	sulk
pwff a drewi dyna i gyd	all wind and piss
pwl o	a bout of
pwnc llosg	controversial topic
pwy ddiwrnod (S)	other day, the
Pwy uffach!	Who the hell!
Pwyll piau hi	easy does it
pwysigyn	pompous person
pwyso a mesur	weigh up

pwyso eich geiriau	choose my words
pydru arni	keep at it
pydru mynd	slow and steady

R/Rh

ran amlaf	mostly
Rargian fawr!	Goodness gracious
ras wyllt	mad rush
rhacs jibidêrs	clapped out
rhacs jibidêrs	wrecked
rhad ac am ddim	free of charge
rhaffu celwyddau	lie
rhaffu celwyddau	tell lies
rhag blaen	forthwith
rhag blaen	immediately
Rhag eich cywilydd!	For shame!
Rhag ofn	in case
rhaid gen i	sure (I'm)
rhaid wrth	essential (it's)
rhaid wrth	must have
rhan annatod o	part and parcel
rhech a rhwd	all wind and piss
rhech dafad	fart in a thuderstorm
rhedeg a rasio	chasing about
rhegi a rhwygo	cursing and blinding
rhegi a thaeru	rant and rage
rheitiach	appropriate, more
rhewi'n gorn	frozen stiff
rhif y gwlith	innumerable
rhoi ar ben y ffordd	put on the right track

rhoi ar ddu a gwyn	put on record
rhoi ar glawr a chadw	commit to writing
rhoi bai ar	blame
rhoi clec ar fawd	snap your fingers
rhoi eli ar friw	ease suffering
rhoi fy mryd ar	set my mind on
rhoi gadw	put away
rhoi gwybod	inform
rhoi gwybod iddo	let him know
rhoi hwb i	encourage
rhoi llond pen	tick off
rhoi o'r neilltu	put aside
rhoi pryd o dafod	telling off
rhoi rhywun ar ben ffordd	show someone the way
rhoi sêl bendith ar	approve
rhoi sglein ar	polish (to)
rhoi'r gorau i	call it a day
rhoi'r gorau i	abandon
rhoi'r gorau i	give up
rhoi'r gorau i	leave (a situation)
rhwng bodd ac anfodd	grudgingly
rhwng chwarae a difrif	partly in jest
rhwng dau feddwl	in two minds
rhwng difrif a chwarae	half in jest
rhwng gwyll a gwawl	dusk to dawn
rhwng y cŵn a'r brain	deteriorate
rhwng y diawl a'i gwt	between the devil and the deep blue sea
rhwydd hynt	every success
rhwysg a rhodres	pomp and cicumstance
rhy ychydig	insufficient

rhydd ac yn rhwydd	free and easy
rhygnu arni	drone on
rhygnu byw	struggle (to)
rhygnu ymlaen	go on and on
rhygnu ymlaen	harp on
Rhyngoch chi a'ch pethau	business (her)
rhyngu bodd	please someone (to)
rhyngu bodd	satisfy
rhywbeth rywbeth	any old thing
rhywbeth yn bod	something wrong
rhywbryd neu'i gilydd	sometime or other
rhywsut neu'i gilydd	somehow or other
rhywsut rywsut	rough and ready
rŵan ac yn y man (N)	now and again
rywsut-rywsut	erratically

S

sang-di-fan	all over the place
sawl gwaith	repeatedly
sawl un	several
sbort a sbri	fun and games
sefyll arholiad	sit an exam
sefyll yn stond	rooted to the spot
sefyll yn stond	stand still
sêl bendith	seal of approval
sêl bendith	stamp of approval
serch hynny	nevertheless
seren bren	chocolate teapot
seren bren	something useless
sgut am	very fond of

siang-di-fan	topsy turvy
siapa hi!	Chop-chop!
Siarad fel pwll y môr	talk non-stop
siarad o'r frest	speak off the cuff
siom ar yr ochr orau	pleasantly surprised
siop siafins	shambles
siort orau	one of the best
siŵr iawn	certainly
siŵr iawn	of course
slawer dydd	long ago
slei bach	on the sly
sôn am	to mention
sorri'n bwt	sulk
sothach	junk
strim-stram-strellach	full pelt
Sul y Pys	twelfth of Never
Sul, gŵyl a gwaith	twenty four seven
sut mae?	how are things?
Sut yn y byd?	How on earth?
Swm a sylwedd	long and short of it
swp o annwyd	cold, heavy
swp o annwyd	full of cold
sych gorcyn	bone dry
synnwn i ddim	I shouldn't wonder
synnwn i fochyn	I wouldn't be at all surprised
synnu a rhyfeddu	amazed
synnwyr y fawd	rule of thumb
syrthio ar fy mai	admit

T/Th

ta beth/ta waeth	anyway
ta p'un	whatever
taflu cysgod	cast a shadow
taflu dŵr oer	discourage
taflu llwch i lygaid	mislead
tafod tew	lisp
talcen caled	difficult job
talcen caled	very challenging
talcen slip	second-rate
talu'n hallt	pay dearly
talu'r gymwynas olaf	pay one's last respects
talu'r hen bwyth yn ôl	take revenge
talu'r hen chwech yn ôl	settle an old score
talu'r pwyth yn ôl	get even with (someone)
talu'r pwyth yn ôl	get my own back
tamaid bach	little bit
tamaid i aros pryd	taste of things to come
tân ar ei chroen	can't stand
tan gamp	excellent
tan gamp	first-rate
tân siafins	flash in the pan
tanio peiriant	start an engine
tannu'r gwely	make the bed
taro deuddeg	completely credible
taro deuddeg	hit the spot
taro deuddeg	ring true
taro heibio	drop in on
taro heibio	pop in
taro tant	strike a chord

taro'r post i'r pared gael clywed	drop a hint
taw piau hi	keep quiet!
Taw piau hi!	Mum's the word!
Taw piau hi!	say nothing!
Taw sôn!	You don't say !
Taw!	You don't say!
Tawn i manco!	Blow me down!
tebyg at eu tebyg	birds of a feather
teimlo ar fy nghalon	feel strongly
teimlo dros	sympathise
teimlo gwres fy nhraed	know you've been in a race
teimlo i'r byw	cut to the quick
teimlo i'r byw	quick (to feel to the)
teimlo ym mêr fy esgyrn	feel deep down
teimlo'n chwith (ar ôl rhywun)	miss someone
teimlo blaen ei dafod	reprimand (to)
testun sbort	laughing stock
tewch â sôn!	you don't say!
Tewch sôn!	Fancy that!
thâl hi ddim	it won't do
thâl hi ddim!	there's no point
tin y nyth	runt
tin y sach	bottom of the barrel
tinbenstrellach	pell-mell
tipyn bach	little bit
tipyn bach	quite a bit
tipyn o dderyn	a bit of a lad
tipyn o foi	quite a guy
tipyn o fynd ar	run on (a) (popular)
tipyn o gamp	quite an achievemrnt
tipyn o gamp	quite a feat

torchi llewys	get on with it
torchi llewys	roll up one's sleeves
torri ar draws	interrupt
torri bol	bursting to do something
torri crib ceiliog	bring down a peg or two
torri cyt	cut a dash
torri dadl	settle an argument
torri eich cwys eich hunan	make one's own way in life
torri enw	sign (to)
torri fy mol	dying to
torri syched	quench one's thirst
torri syched	slake one's thirst
torri yn ei flas	leave them wanting more
torri'n gareiau	tear to ribbons
torri'r garw	break the ice
traddodi darlith	lecture (to)
traed brain (fel)	illegible writing
traed chwarter i dri	splay footed
traed moch	mess
traed moch	shambles
tragwyddol heol	free hand
trin a thrafod	debate
tro gwael	shabby act
tro pedol	U turn
tro trwstan	awkward moment
troi efo pob awel	erratic
troi fel ceiliog gwynt	erratic
troi fel cwpan mewn dŵr	chop and change
troi fel cwpan mewn dŵr	irresolute
troi gyda phob gwynt	follow every trend
troi heibio	lay out (for burial)

tros byth	forever
trugareddau	bits and pieces
trwm ei glyw	hard of hearing
trwy deg	by persuasion
trwy'r dydd	all day long
tu allan	outside
tu blaen	in front
tu cefn	behind
tu chwith	inside out
tu chwith	wrong way around
tu draw	over there
tu faes	outside
tu hwnt	beyond
tu ôl	behind
tua thre'	homewards
tuag allan	outwards
tuag at	towards
tua'r de	southwards
tua'r dwyrain	eastwards
tua'r gogledd	northwards
tua'r gorllewin	westwards
twll dy din di, Pharo!	bugger you!
twll tin y byd	dump (of a place)
twll tin y byd	middle of nowhere
twll yn eich cosyn (caws)	disappointed
twpsyn dwl	idiot
twt lol y baw!	rubbish!
Twt lol!	nonsense
tybiwn i!	I believe
tyngu a rhegi	cursing and blinding
tynnu blewyn o drwyn	antagonize

tynnu blewyn o drwyn	provoke
tynnu blewyn o drwyn	rattle someone's cage
tynnu ewinedd o'r blew	get on with it
tynnu gwep	make faces
tynnu llun	take a picture
tynnu pawb yn eich pen	upset everybody
tynnu sylw	distract
tynnu sylw	draw attention
tynnu tir dan draed	undermine
tynnu tuag adref	homeward bound
tynnu ymlaen	getting on
tynnu'n gareiau	pull to pieces
tynnu'n groes	disagree
tynnu'n groes	run counter to
tynnu'r blewyn cwta	draw the short straw
Tyrd yn dy flaen! (N)	Come on!
tywyllu cyngor	create uncertainty

U

uchel ei gloch	loud mouth
uchel ei pharch	in high regard
Uffern dân!	hell's bells!
unfryd unfarn	of one accord
unioni cam	right a wrong
unwaith ac am byth	one off
unwaith yn y pedwar amser	once in a blue moon
uwch fy mhen	overhead
uwchben ei ddigon	over the moon
uwchben eich digon	satisfied (more than)

W

waeth befo (N)	so what
Waeth gen i!	I don't care!
wedi blino'n lân	shattered
wedi canu (ar)	all up
wedi canu ar	done for
wedi canu ar	doomed
wedi ei dal hi	drunk
wedi hyn	after that
wedi mynd â'i ben iddo	wrecked
wedi ymlâdd	exhausted
wedi ystyried popeth	on balance
wel y jiw! jiw!	For Goodness' sake!
wir i ti/wir yr	honestly
wir i wala!	Gospel truth!
wrth eich pwysau	in your own good time
wrth fodd calon	pleased
wrth fy modd	delighted (I'm)
wrth gefn	in reserve
wrth gwrs	of course
wrth law	to hand
wyneb i waered	upside down
wysg ei ben	head first

Y

y byd a'r betws	all and sundry
y drwg yn y caws	root cause
y drwg yn y caws	the trouble is
y dydd o'r blaen	the other day

y gwir cas	plain truth
y gŵr drwg	the Devil
y gwych a'r gwachul	from the sublime to the ridiculous
y naill a'r llall	both
y noson o'r blaen	other night
y rhai hyn/rhain	these
y to sy'n codi	next generation
y tro 'ma	this time
y tro nesaf	next time
y tu arall	other side (the)
ychydig	a few
yfed ar ei dalcen	knock back (a drink)
Yffach cols! (S)	hell's bells!
yfflon rhacs	smashed to pieces
Ylwch! (N)	Look here!
ym mêr fy esgyrn	instinctively
ym mhob dull a modd	means (by all possible)
ym mhobman	everywhere
yma a thraw	here and there
ymaelodi â	join (a club)
ymatal rhag	refrain from
ymddieithrio	drift apart
ymfalchïo yn	take pride in
ymhen hir a hwyr	in due course
ymhen hir a hwyr	eventually
ymuno â	join in
yn anad neb	more than anyone
yn anghydnaws â	out of character
yn anterth eich dyddiau	in your prime
yn araf bach	quite slowly

yn barod ei gymwynas	very kind
yn ben set	very last minute
yn berwi o	crawling with
yn blwmp ac yn blaen	bluntly, to put it
yn blwmp ac yn blaen	outright
yn blwmp ac yn blaen	short and to the point
yn blwmp ac yn blaen	tell it as it is
yn bur	sincerely (signing a letter)
yn dal i	continue (to)
yn dawel fy meddwl	clear conscience (with a)
yn ddiarwybod	unbeknown
yn ddistaw bach	on the quiet
yn ddi-waith	out of work
yn drwmlwythog	laden
yn ei anterth	in full swing
yn ei ddyblau	in stitches (laughing)
yn ei gwrcwd	squatting
yn ei hwyliau	in high spirits
yn ei hyd	full length (to fall)
yn ei lawn dwf	fully grown
yn ei le	instead of him
yn eich llawn dwf	grown up
yn eich milltir sgwâr	at home
yn eiddo i mi	mine
yn eisiau	missing
yn enwedig	especially
yn eu hen ddyddiau	in their old age
yn fân ac yn fuan	sprightly
yn fêl i gyd	sweetness and light
yn frith o	teeming with
yn fy myw	never in my life

yn fy nŵr	instinctively
yn fyrfyfyr	off the cuff
yn gacwn gwyllt	tamping mad
yn gam neu yn gymwys	rightly or wrongly
yn glana' (gelanedd)	dying of laughter
yn graig o arian	rolling in money
yn groes i	contrary to
yn gwamalu	on the fence
yn gyfan gwbl	entirely
yn gyndyn	reluctant
yn hallt	exorbitant
yn hanu o	derives from
yn hwyr neu'n hwyrach	sooner or later
yn llygad ei le	spot on
yn llygad eich lle	perfectly correct
yn nannedd	in the face of
yn nhoriad ei bogel	inherent
yn oes oesoedd	for ever and ever
yn ôl	according to
yn ôl pob tebyg	probably
yn ôl y galw	as and when needed
yn ôl y galw	need (as the--arises)
yn ôl y sôn	so they say
yn sgil	following
yn sgut o	favourable review
yn tynnu dŵr o'r dannedd	mouthwatering
yn unfryd unfarn	in complete agreement
yn unswydd	expressly
yn wyllt gacwn	furious
yn y bore bach	early morning
yn y cyffiniau	vicinity (in the)

yn y fan a'r lle	exact place
yn y fan a'r lle	there and then
yn y fantol	at stake
yn y felan	depressed
yn y man	soon
yn y seithfed nef	on top of the world
yn ymyl	close by
yn ymyl	near
yn yr arfaeth	in hand
yn yr awyr agored	outdoors
yng ngheg y byd	common knowledge
yr adeg honno	at that time
yr un ffunud â	exactly the same
yr un ffunud â	identical
yr un ffunud â	same spit as
yr un hen gân	the same old story
yr un poerad	spitting image
yr un pryd	same time
ys gwn i	as far as I know
ysu am	longing to